舵手汇
www.duoshou108.com
聪明投资者沟通的桥梁

短线交易大师

超短线交易秘诀

【美】杰克·伯恩斯坦 著

高海嵘 译

山西出版传媒集团
山西人民出版社

图书在版编目(CIP)数据

短线交易大师：超短线交易秘诀/(美)伯恩斯坦著；高海嵘译. --太原：山西人民出版社，2017.1

ISBN 978-7-203-08438-9

Ⅰ.①短… Ⅱ.①伯… ②高… Ⅲ.①股票交易-基本知识 Ⅳ.①F830.91

中国版本图书馆 CIP 数据核字(2013)第 302741 号

Jake Bernstein
The Compleat Day Trader(Second Edition)
0-07-166388-6
Copyright© [2011] by McGraw-Hill Education.
All Rights reserved. No part of this publication may be reproduced or transmitted in any form or by any means, electronic or mechanical, including without limitation photocopying, recording, taping, or any database, information or retrieval system, without the prior written permission of the publisher.
This authorized Chinese translation edition is jointly published by McGraw-Hill Education and SHANXI PEOPLE'S PUBLISHING HOUSE. This edition is authorized for sale in the People's Republic of China only, excluding Hong Kong, Macao SAR and Taiwan.
Copyright © [2016] by McGraw-Hill Education and SHANXI PEOPLE'S PUBLISHING HOUSE.
版权所有。未经出版人事先书面许可，对本出版物的任何部分不得以任何方式或途径复制或传播，包括但不限于复印、录制、录音，或通过任何数据库、信息或可检索的系统。
本授权中文简体字翻译版由麦格劳-希尔(亚洲)教育出版公司和山西人民出版社合作出版。此版本经授权仅限在中华人民共和国境内(不包括香港特别行政区、澳门特别行政区和台湾)销售。
版权© [2016] 由麦格劳-希尔(亚洲)教育出版公司与山西人民出版社所有。
本书封面贴有 McGraw-Hill Education 公司防伪标签，无标签者不得销售。

著作权合同登记号　图字：04-2013-055

短线交易大师：超短线交易秘诀

著　者：(美)杰克·伯恩斯坦
译　者：高海嵘
责任编辑：贺　权
出版者：山西出版传媒集团·山西人民出版社
地　址：太原市建设南路 21 号
邮　编：030012
发行营销：0351-4922220　4955996　4956039　4922127(传真)
天猫官网：http://sxrmcbs.tmall.com　电话：0351-4922159
E-mail：sxskcb@163.com　发行部
　　　　sxskcb@126.com　总编室
网　址：www.sxskcb.com
经销者：山西出版传媒集团·山西人民出版社
承印者：三河市京兰印务有限公司
开　本：710mm×1000mm　1/16
印　张：14.5
字　数：190 千字
印　数：8001-13000 册
版　次：2017 年 1 月　第 1 版
印　次：2019 年 11 月　第 3 次印刷
书　号：ISBN 978-7-203-08438-9
定　价：45.00 元

如有印装质量问题请与本社联系调换

前　言

这是世上速度最快的游戏，而且还在加速。这个游戏每天都有几百万的参与者，争先恐后希图拔得头筹。但这也是世上最苛刻的游戏，是最难获胜的游戏。虽然有不少"好为师者"纷纷声称掌握了日内交易盈利的秘诀，但真正言如其实者寥寥。没什么人愿意或能够传授可靠而有效的日内交易技巧，这种情况在雄心勃勃的日内交易操作人面前又横起了一道难关。即使有几个人对此知行皆备，但也很难保证百战百胜。

诱惑日内交易人前赴后继来到这一行的馅饼到底是什么？是什么吸引着少说几百、多说几千新人每天接踵而来投身其中？仅仅是想赚钱吗？还是争强好胜，挑战难题？或者兼而有之？日内交易是实现美国梦路上的最后一个堡垒吗？显然，日内交易是全球参与的游戏，也许就是为了要实现伟大的"世界梦"，才吸引了不计其数的人来迎接这个挑战。

不管日内交易人是怎么操作，为什么这么操作，这个游戏已经和我们共存了很多年，并且就此长存，除非政府下禁令；而这非常不可能，因为日内交易实际上发挥了至关重要的经济功能——提供了流动性，便利了贸易。既然日内交易会继续作为一项可行的风险事业而存在，就吸引着所有游戏参与者挖掘其规则、方法、程序，当然最重要的是获得成功的策略。我写《短线交易大师》（1995年）、《短线交易大师（二）》（1998年）和这本书的首要目的，就是介绍我经过长期不懈的调查和交易才开发出的工具，给大家一条学习的终南捷径。

我们对各种市场并非了如指掌，实际上，这一点可能永远无法做到，因为市场的大量行为都是随机的。料事如神的臆想无非是痴人说梦，也不会带来盈利。幸运的是，我们对市场并非一无所知。在这本书里，我就来说说这些知道的，虽说不能百发百中。但在后面内容中我除了更新和介绍了交易方法和程序外，主要目的在于介绍日内交易的实际操作和实用指标。

当今日内交易人可利用的工具，即使和20世纪90年代后期比起来，也可以说是多得非常超乎想象。有了指令执行、佣金、电脑软件等这些绝对有效的工具，日内交易人获利的机会比起前大大提高，但风险也更高，而且游戏速度提高了。价格变动以前要花上整整一天或几个小时形成，但现在实际上就是分秒之间的事情。日内交易人就得确定日内时隔，开发可靠的有条理的步骤，并且最重要的是具备和使用促使利益最大化的策略。本书会一一解决上述所有问题——而且不仅如此，还有更多内容。

如果你看过我以前的日内交易著作，或者参加过我的日内交易研讨会或在线讨论，我欢迎你再次光临。如果你刚刚接触我的著作，我请你保持开放心态，对我所说的进行检验和评估，看看是否适用。乐在其中，用之有效，你才会愿意采纳。如果不坚持使用这些手头的工具，那你可能就根本用不了任何工具。

在学习这本书之前，有几个问题我先要说明。第一，我会先解决一个和日内交易没有直接关系的问题，但这个问题对我对你都很重要。交易场上的竞争白热化。有些人认为教会其他日内交易人或预备日内交易人简直是敞开了竞争的大门，把自己口袋的钱拱手让人。持这种观点的人会对很多书中（包括这本书）讨论的方法挑三捡四或质疑其可靠性，而且/或者质疑作者的可信度。有了网络这个开放论坛，并且任何肯定或否定的言论实际上不经确认或验证都可以发表出来，这样任何人都可以对一本书、一个方法或一位作者发表正面或负面的评价或意见。别被这些评价愚弄了，无论其是正面还是负面。任何人都可以对他人他事发表负面意见，你就必须自己评判所见，必须自己评估所知——通过应用并检验效果。没有哪个方法或指标可以永远行之有效。如果什么都能那么简单或可预见，那就没有这本书问世的必要了。

实践和持之以恒的重要性毋庸我多言，要想本书中的任何方法行之有效，就需要持续的应用，而且短时间是不够的。随时回头翻翻，琢磨一下我说的话。对这些方法的疑惑和问题一旦得以解决，你才会想一试身手。先练一下手，如果很喜欢用的话再上战场。日内交易人——在这个问题上，可能所有交易人——都遇到过的一个最严重的问题就是无法集中精力。在一两个毫无关系的市场进行高效交易，收益远远好于在许多不同市场业绩平平。

最后，如果你看这本书是为了找到日内交易的"万金油"，那可来错地方了。这里没有完美无缺、准确无比或简单易得的答案。那些信誓旦旦之言充斥在网上，如果你还没分辨出这些似是而非的言论，那可有得学了。如果反之，你看这本书是想学习有效、客观、明确和有逻辑的日内交易方法，那就接着看吧，这本书恰是为你准备的。最后，如果需要我解释书中的方法、概念或资料，请给我写信 jake@trade-futures.com。我不可能对所有问题都有问必答，而且鉴于邮件的数量，回信可能需要耽误几天，但我会回答所有言之有据、措辞有礼的问题。

致 谢

写作对我并非易事，因为英语并非我的母语。但我并未因此伫足，还写了40多本书。当然，我可比不上约瑟夫·康拉德——他从波兰来到美国时对英语完全不懂，结果却成为了伟大的小说家。写作对我一直是爱的折磨，我竭尽全力做到表达清晰、言简意赅——交易和投资要求客观和确切。有关投资和交易的书汗牛充栋，尽管出发点很好，但未给读者带来实质性的内容。交易人和投资人要的是一针见血的答案。但投资世界的一针见血却不那么容易。在我努力为日内投资人寻求明确和客观答案、方法和技巧的过程中，幸而得到朋友和家人的支持；而且很多拥护我的交易人为我的工作提供了便利，他们为日内交易领域贡献了他们的研究、从失败中的教训以及理论上的构想。

自20世纪90年代初，我个人辅导过成百上千的交易人，一些人比别人聪明；一些人比别人更坚持；一些人比别人更认真；一些人比别人更成功。但他们都是我的老师，我也希望他们在我这里有所收获。我从他们以及我自己的得失中学习，知道了如何用有组织而且有效的方法解释复杂的概念，以期帮助他们从我的交易方法中获利。就是你们——我教过的学生，是我最应该感谢、衷心致意的人。还要感谢所有的日内交易人，他们日日付出金钱和身心投入到这场永无止境的事业中，在以波动和完全无序著称的市场上火中取栗。最后还要特别感谢创世纪金融数据服务公司（Genesis Financial Data Services）的热心人允许我使用其图表、数据和软件用于研究。

杰克·伯恩斯坦

加州　圣·克鲁斯

目 录

第1章 现状和未来 ·· 1
    新内容 ·· 6
    波动破纪录，背后有隐情 ···································· 7
    电子化革命和交易 ·· 9
    日内交易比以前更有可为 ···································· 11

第2章 基础知识 ·· 13
    定义、工具和考量因素 ······································ 13
    只要有波动，就能日内交易吗 ································ 16
    为什么做日内交易 ·· 17
    交易装备 ·· 19

第3章 交易模型 ·· 23
    建立、启动和跟进 ·· 23
    市场结构 ·· 23
    STF结构具体分析 ·· 24

第4章 交易系统的开发和测试 ···································· 31
    系统开发 ·· 33
    何为交易系统 ·· 33
    随机漫步 ·· 37

未尽之言 ······ 38
市场在变，参与者在变 ······ 38
苦觅化解之道 ······ 39
人工智能的作用 ······ 40
明日预想 ······ 41

第5章 平均线日内交易 ······ 43

移动均线基本知识 ······ 43
简单移动均线 ······ 44
指数移动均线 ······ 44
加权移动均线 ······ 45
平滑移动均线 ······ 45
三角移动均线 ······ 45
传统移动体系：资产和负债 ······ 46
最终调查 ······ 52

第6章 利用阻力线和支撑线进行日内交易：移动均线通道 ······ 53

移动均线通道综述 ······ 55
利用MAC进行日内交易的详细步骤 ······ 58
确定趋势、支撑线和阻力线 ······ 59
利用MAC进行日内交易：几个分步说明的例子 ······ 59
机遇：保守派和冒进派 ······ 66
MAC方法中的利润最大化策略 ······ 67
几点提醒和建议 ······ 67
MAC完全是客观的吗 ······ 68
结合其他方法使用通道技巧 ······ 68
MAC评价 ······ 69

第7章 媒体日内交易 ······ 71

典型的媒体交易场景 ······ 73

典型行为 ··· 73
　　进行媒体日内交易的步骤 ·· 74
　　详解退出策略 ·· 86
第8章　利用动量和MACD做日内交易 ································· 89
　　何谓动量 ··· 89
　　动量的作用 ·· 91
　　动量的基本特性 ·· 92
　　价格和动量同时下行 ·· 92
　　价格走高而动量走低：熊市背离 ··································· 95
　　价格走低而动量走高：牛市背离 ··································· 97
　　动量跌破零线 ·· 99
　　动量冲破零线 ··· 100
　　动量背离 ··· 100
　　我的动量背离理论 ··· 100
　　动量是指引指标 ·· 102
　　动量确定时机：信号 ·· 102
　　识别动量买入信号 ··· 103
　　选择买入点 ·· 107
　　在空头动量背离后选择卖出点 ······································ 107
　　平滑异同移动平均线作为启动点 ··································· 107
　　MACD作为背离指标 ··· 107
　　止损和利润最大化策略 ··· 112
　　示例 ··· 115
第9章　利用跳空进行日内交易 ·· 121
　　开盘跳空 ··· 121
　　开盘跳空的出现频率 ·· 122
　　开盘跳空信号 ··· 124

跳空下跌买入信号规则 …………………………………………… 124
　　跳空日规则的思考 ………………………………………………… 125
　　跳空高开而卖出的交易心理 ……………………………………… 129
　　跳空交易的止损和移动止损 ……………………………………… 131
　　跳空交易退出的其他方法 ………………………………………… 133
　　推迟跳空开盘的信号 ……………………………………………… 135
　　推迟跳空下跌买入信号 …………………………………………… 136
　　推迟跳空上涨卖出信号 …………………………………………… 136
　　1 小时等待 ………………………………………………………… 137
　　跳空技巧的一些思考 ……………………………………………… 137
　　回顾跳空交易的有效原则和步骤 ………………………………… 138
　　多加实践 …………………………………………………………… 138
　　跳空幅度和穿透幅度 ……………………………………………… 139
　　跳空交易的真正依赖 ……………………………………………… 141
　　简要总结止损指令 ………………………………………………… 142
　　结论 ………………………………………………………………… 143

第 10 章　利用八开八收法　145
　　八开八收法工作原理 ……………………………………………… 147
　　8OC 法的另一个用法 ……………………………………………… 150

第 11 章　利润最大化策略　153
　　高止损值的重要性 ………………………………………………… 154
　　止损的相关因素 …………………………………………………… 169
　　通过管理仓位提高利润 …………………………………………… 169
　　通过净值过滤方法管理交易 ……………………………………… 173
　　一些关键点 ………………………………………………………… 174
　　危险区概念 ………………………………………………………… 175
　　用移动均线移动止损 ……………………………………………… 178

跳空交易的利润最大化策略 …………………………… 180
　　利润最大化的结论和总结 ……………………………… 191

第12章　日内交易的心理战 …………………………… 193
　　训练有素：核心特性 …………………………………… 194
　　毅力 ……………………………………………………… 195
　　愿意承担损失 …………………………………………… 196
　　避免过度交易的能力 …………………………………… 197
　　专注的能力 ……………………………………………… 198
　　新手该交易什么 ………………………………………… 198
　　有充足资金再入市 ……………………………………… 199
　　利用新闻交易的能力 …………………………………… 199
　　利用短暂价格上涨 ……………………………………… 200
　　固守每日目标 …………………………………………… 201
　　用市场情绪发现日内交易机会 ………………………… 202
　　结论 ……………………………………………………… 202

第13章　破财之误和制胜之宝 ………………………… 205
　　破财之误 ………………………………………………… 205
　　制胜之宝 ………………………………………………… 211

第14章　化零为整 ………………………………………… 213
　　组织 ……………………………………………………… 214
　　结束语 …………………………………………………… 215

第 1 章　现状和未来

　　自学成才的日内交易人罗伯特被左右的电脑包围着，坐立不安地盯着屏幕上股市价格飞速变动。红红绿绿的数字就在他面前闪烁不已，跳着看似随意的舞步。左边离他不到六英尺，另一位交易人带着耳机和麦克与亚洲同行交换交易意见。一个非常可靠的消息人士刚给她透了信，有可能让她借助 MDC 科技公司在日内交易上拔得头筹。交易屏幕上加加减减的符号眨眼间就面目全非。显示器的光笼罩了整个交易大厅。彩色 K 线组成的彩虹图时隐时现。高高挂在墙上的大显示器底部滚动着源源不断的信息。对那些在这个金融业蜂巢里满怀希望的交易人来说，整个世界都不存在了，只剩下交易、获利、损失、市场信息、下单和电脑。他们心无旁骛、目的明确，但只有谙熟这个世上最快游戏的人才能成功。

　　尽管明显有些困惑不解，但罗伯特和同行还是看起来技艺高超，能够把无止境的数据流消化整合，采取一套别具意义的步骤和行动，就像巴甫洛夫做实验的狗，根据当时受到的刺激做出一套条件反射反应。外人看来，这一幕就像是一部电影或一场获利游戏，只是赢得奖品的程序神秘莫测。

　　对交易员罗伯特来说，这就好像听到行动命令一样一清二楚，对毫不知情的外人来说，这就是高耸入云的巴别塔，堆砌着一堆杂乱无章、毫无关系、看似废话的随意信息。交易大厅的人是如何从铺天盖地的信息中得出一知半解的，外行人一头雾水，更别说知道他们如何从中谋利了。但罗伯特——可能还有成千上万的其他日内交易人好像能兴旺发达、化险为夷，而且的确能劳有所获。我们后面才会明白，这里的关键词是"好像"。现实中，成功者凤毛麟角，原因何在？我写这本更新版的《短线交易大师》的目的之一，就是解释日内交易如何做成功。

罗伯特快速点击了几下鼠标，根据当时的数据和图表，按市价买入了 5000 股 TSM 股票，一下单就成交了，之间相隔不到 3 秒钟。他打开另一个屏幕，显示出详细的持仓情况。他紧盯着资金损益栏，TSM 股票交投活跃。两分钟内，TSM 股价从他买入的 10.21 涨到了 10.39 美元。按 5000 股算，18 美分收益的佣金不到 900 美元。算起来简单，这也是他期望的结果。他又点击鼠标查看 TSM 股价图，证实他的收益目标已经实现。他没有丝毫犹豫，毫不留情地下单按市价卖出 5000 股股票。几秒后的成交价是 10.37 美元，但罗伯特很不高兴，他一边朝着屏幕抱怨"臭手……强盗……骗子……"，一边用拳头砸桌子。他斟酌了一下现在的策略，不知道逐步下单是否效果更好，如果保留 50% 的仓位到收市是不是会获利更多。他把这个疑问随手置于脑后，又回头看屏幕以及备选名单。

虽然罗伯特看起来怏怏不乐，但实际上，他短短几分钟的收获超过了很多人辛辛苦苦一星期的成果。他成功买入"香饽饽"，后转手给另一个交易人，而后者就希望能再卖给别人。在名副其实的"博傻理论"（greater fool theory, GFT）游戏中，罗伯特可是个能干的胜者。简言之，GFT 就是短期交易和日内交易甚或金融工具投资中，成功把自己手里的证券卖给另一个比自己傻的投资者，后者则希望再找个傻瓜接手。显然，这个理论绕过了一个问题：这个游戏能玩多久？

罗伯特连续几天重复着基本一致的程序，又买卖了7次TSM，当然还有其他股票。他的交易并非全都赢利。这天的12笔交易中，四亏八赚，总盈利达到3340美元，总亏损包括佣金是1047美元。盈亏还算合理，但是罗伯特想当然不满足于此。假设罗伯特继续照此赢利，一天大约赚2300美元，一周估计就是10000美元，一年就是500000多美元。

鉴于这种日内交易的赢利势头，数百万计满怀雄心壮志的投资人被吸引到这项所有金融事业中最难的冒险游戏中来，就不足为奇了。虽然不少人对我用游戏来描述颇有微词，但我毫不怀疑，日内交易是终极金融游戏——想想它的挑战、彩头以及的确可以实现的事实。还有些人甚至于给日内交易贴上赌博的标签，我可要强烈反对。虽然总有人赢而且获利巨大是事实，但前提是需要掌握一套技术、充足的启动基金、一系列明确的程序和方法以及严格的纪律。除此之外，日内交易的成功还需要有利用日内大幅变动使利润最大化的策略。

的确，这方面还有不少思想学派。交易人通过大仓位的众多小价差获利，或通过小仓位的偶尔大价差获利。第一种办法的极端形式被称为高频交易（high-frequency trading，HFT）。据估计，每天高达60%的交易量都是HFT带来的。HFT已经证实是一项可靠且高利润游戏，但实现有赖于超高速计算机，非常成熟的计算机程序和技术，以及买卖盘规模和位置的精准信息。只有那些腰包鼓鼓的人进行交易才有这些买卖盘。在我看来，HFT是否形成不对等利益很难说得清。日内交易显然不公平，但现实就是这样。要论是非曲直只能到法庭上去，而且我们的目的是利用有史以来最有获利潜力的金融市场提供的机会。

史上最低的佣金、人类最快的电脑、最有效的交易软件以及实时指令执行，有了以上种种，难怪日内交易的新兵老将一直看好获利机会。但日内交易环境并非全都是艳阳高照。不少雄心勃勃的日内交易人都从残酷和艰难走过来，经常在痛苦中煎熬，日内交易的现实往往没能兑现他们夸下的海口。誓言很少能兑现。

杂志和互联网的广告手段高超，让广大交易人怦怦心动，但通常不过是皇帝的新衣。尽管说的天花乱坠，但我们都知道很多日内交易人被割肉。许多日内交易人缺少成功的经验、方法和知识。而且大量的新入场者明明初期头寸不足，大大消弱了获胜的机会。但影响或限制日内交易，或从大范围讲任何交易获取成功的因素为数甚少。

因此，同众多行业一样，在日内交易中，充足的启动基金、有效的管理方法，加之学习、可靠的计划、纪律和经验对成功都至关重要，这一点不足为奇。日内交易的实际回避了下面几个核心问题：

1. 日内交易者如何提高成功机会？
2. 有没有工具和技巧能够极大提高盈利的可能性？
3. 一般交易人能学会这些工具吗？
4. 成功的日内交易能够学习和传授吗？
5. 日内交易盈利靠的是运气还是技术，或者兼而有之？
6. 日内交易能完全机械化吗？如果这样的话，为什么不让电脑操作？
7. 日内交易的有利因素或不利因素都有什么？
8. 日内交易技术有好坏之分吗？
9. 日内交易应该重点捕捞还是广泛撒网？
10. 日内交易有不同类别吗？有的话，是什么？
11. 进行日内交易的市场环境有好坏之分吗？
12. 新闻能影响日内交易吗？对日内交易人有利用价值吗？
13. 单独交易会提高日内交易获利机会吗？抑或联合其他日内交易人是盈利的积极因素？

我认为以上所有问题都有明确的答案。但正是交易人——整个链条上最薄弱的一环，必须整合信息，最重要的是持之以恒、长期加以应用。成功的阻力一直是来自于内部——自金融发展的最早期就一直如此。饥饿难耐的获利欲望，以及担心失败的恐惧感操纵着交易人和投资人上演各式各样的行动，实际上却都绝对失败，或者至少是严重限制了成功的机会。这类的很多行为与交易方法或客观想法毫无关系。无论电脑会带来了多么有利或盈利潜力巨大的交易机会，只有零星几个人才能有效付诸实施。

另一方面，机构交易人：资金充足，有几乎源源不断的投机资金来给交易输血，而且本身在实践中对交易会保持冷静，一如既往地财源广进。"存活力"，或换句话说，坚守到底并经过反复失败洗礼而生还的能力，可能是成功等式中最有意义的变量。如果不身在其中根本连赢的机会都没有，这不言而喻。只要采用有效的风险管理和利益最大化策略，即使最不靠谱的交易选择都能有利可图。很多人都知道，日内交易取胜的关键是退出策略而非进入信号。但无疑，高概率交易（high-probability trade selection）也是一个关键因素。高概率交易和所谓暗流动性池的出现，让资金充裕的日内交易机构无论在进入还是退出上都占尽先机。但是这些极其复杂的借助电脑产生的买卖策略，因为成本问题，对一般人来说遥不可及。

对日内交易结果带来有利或不利影响的因素涉及很多问题和输入值，对此毋庸多言。仅仅靠一场纯学术讨论会，讨论一下方法、系统、指标和理论结果，根本无法实现获取日内交易利润的终极目标，但还是有不少书籍和讲座宣称能带来这种利润。在我投身股市和商品市场不少于43年的时间里，我至少见过世界各地数万计的日内交易人，并了解到虽然利用了良好的进入方法和先进的电脑分析指标，绝大多数日内交易人还是一直亏钱。他们需要的不只是进入策略和可靠的日内交易信号，还需要能带来利润额的退出策略。他们的装备严重不足。这本书就要提供"足够"，但先让我们来回顾一下历史。

第一版《短线交易大师》出版于1995年，《短线交易大师（二）》出版于1998年。自此，日内交易方方面面的发展都全然一新，游戏日新月异。这些发展一方面让我们能够积极提高日内交易的盈利结果，另一方面也加剧了竞争。日内交易人现在不仅竭尽全力在白热化的竞争环境中求生，还要和机构交易人较量，而后者先进的工具和方法远远不是一般交易人能企及的。

高概交易、闪电交易和暗流动性池给了机构日内交易人独特也许是不公平的有利条件。高概日内交易人可以从交易所购买市场上的有用信息，极大提高获利机会。

高概交易是指实践中大型机构交易人从股票交易所购买信息，了解尚未成交的买卖下单情况，而这些情况尚未对外公布。借助超高速电脑和先进程序，根据这些数据预测出极短期内股价走势，就能用超大仓位在极短时间内买卖（几秒到几分钟之间）。价格变化尽管很小，但一旦仓位很大利润就很可观，况且一天之内可以多次买卖。

新内容

为了给新手、帅才和老将提供全面有效的方法和程序知识，我不仅更新了《短线交易大师》和《短线交易大师（下）》的内容，而且还增加了几种适用现今市场和条件的新方法。自我写这两本书之后，市场的性质和日内交易操作已经今非昔比。近44年的市场经验让我目光长远，而不辍的交易实践给了我宝贵的学习经验，知道什么方法有效，而什么方法、程序或途径有可能走到死路。精彩就在后面，希望我的知识能帮助你在"世上最快的游戏里"游刃有余。

波动破纪录，背后有隐情

自20世纪90年代以来发生的重大变革，为全球股票市场和商品市场创造了条件，永久改变了日内交易的面貌以及市场的波动性。全球金融危机让各个国家深陷其中，启动了日内交易剧烈的波动性。如本书前面所说，以前需要延续几个月的市场变动现在往往几天内就发生了。有时，牛市的大好场景转眼就被市场波动一扫而空。2010年5月6日发生的闪电崩盘就是当今市场的极端表现。到写这本书的时候，到底是什么隐情触动了当天暴跌和暴涨还无人知晓，而2010年5月6日这一天此后就被称为"闪电崩盘"日。仔细研究当天的每日价格图可以看出波动性有多大，但日内价格图分析出的波动更夸张。

图1-1是标准普尔500股指期货指数（标普500）的每日价格图，图1-2是当日5分钟价格图。因为全球各个交易所的交易和指令执行完全电子化，这样的日子有可能还会重现，虽然可能不会是在同样程度上。

有几个因素导致了2010年5月6日波动出现的条件，以及实际上造成全球市场现在的潜在动荡和价格起伏：

1. 全球经济不稳定的大环境致使各个市场如惊弓之鸟，人心不安，往往会引起买卖的连环反应。

2. 短期交易人，日内交易人和投资人都很关心各国走势，担心他们的投资是否安全，同时极力挖掘各种投资机会，甚至不想错过一个小苗头。我们都想低买高抛。既然投资没赚钱，交易人就死死抓住任何机会，不在乎机会有多小。这也促使隔日交易和日内交易剧烈震荡。

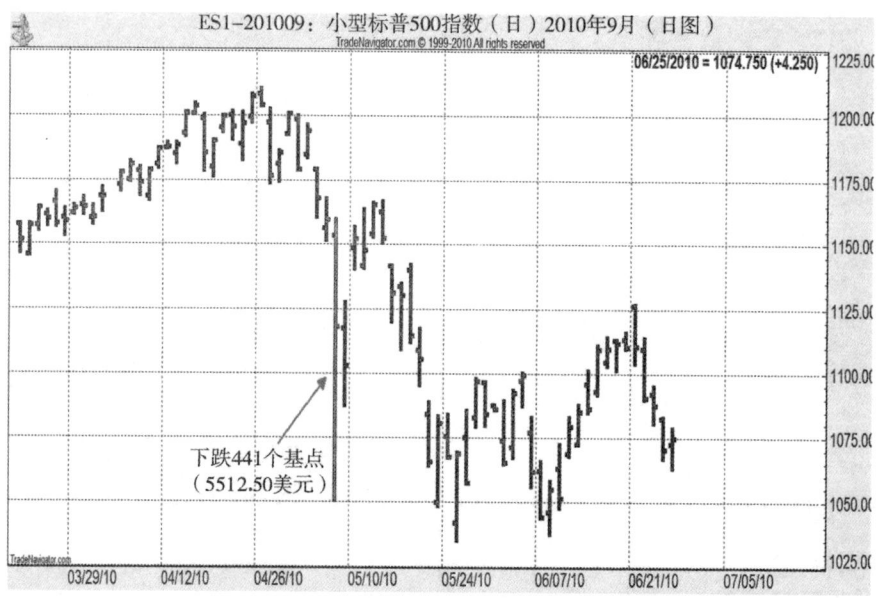

图1-1 2010年5月6日"闪电崩盘"日的价格走势,这天小型标普期货的交易区间超过5500美元,完整标普期货合约的日交易范围是这个数值的五倍,之前之后几天的交易幅度表明,这样的大幅波动显然前无古人后无来者,历史上只有一天,即1987年10月19日的崩盘稍稍接近这样的振幅,当日市场恐慌抛盘,而逢低买入者蜂拥低价买盘,市场相应急跌后冲高

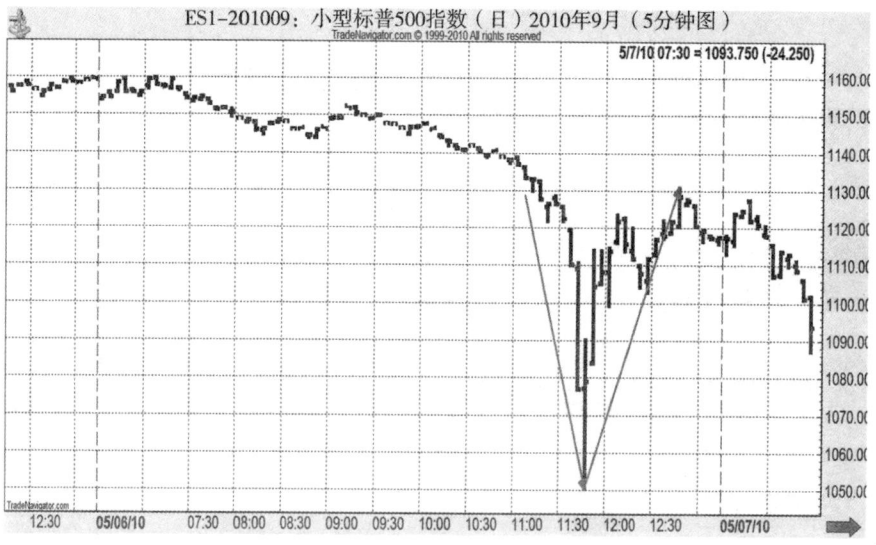

图1-2 "闪电崩盘"日5分钟图,注意图上标出的短时段,期间股价重挫,然后反弹超过了跌幅的一半

3. 主权基金（如政府的钱）已经大量涌入股市和期市，政府也要琢磨着在低利率时代使投资增值。他们不得不进行投资、做投机交易，以期补偿在传统低利率证券商获得的低收入。这样，他们也勇往直前，一步跨进风险重重的投资领域，这一步在长期内或者甚至在短期内就可能带来潜在风险，威胁整个经济的稳定性。因此，主权基金控制的大笔资金以及交易中的重仓位，大幅提高了日内交易和隔日交易的波动性。

4. 对冲基金控制的资金和仓位也比以前大得多。有了这些重仓位，他们也能够在日内就带动股市剧烈运行。

5. 互联网也是股市运动的推手，因为金融和各地政治新闻能像闪电一样传送到全球，影响着日内价格进行不同程度的变动。

6. 闪电交易——前面说过，现在占据了每日交易量的50%或更多。参与闪电交易的公司进行大仓位迅速买卖，也影响了市场波动性。

7. 最后，低佣金、电子下单（后面再谈论）以及瞬间执行是推动日内波动性的另一个因素。

以上就是造成如今市场极端波动的一些重大原因，而且其中任何一种力量在近几年都不可能有大的改观。实际上，如果让我大胆猜一猜，我认为波动还会增大，不会降低。这种波动性对日内交易人是好事还是坏事现在还有待确定。我依然认为自有妙计的日内交易人能从现在和将来的波动性中大有斩获。

电子化革命和交易

对市场整体，但特别是对日内交易人来说，电子化交易可能是最大和最有利的变革。对于我们这些从过去的市场竞争中学得一身本领的人来说，电子化交易简直妙不可言。不仅专家、做市商、经纪人以及场内经纪人完全鸟枪换炮，而且佣金大幅降低，促使日内交易人都能从微小的股价变动中捞一笔。交易成本大幅消减在期货市场上就意味着，付了佣金和费用，还能在国债期货这样的市场上因为一个基点的变动有所斩获，尤其是长期国债期货一个基点的变动就代表 31.25 美元。如果佣金是 8 美元，费用是 40 美分，那么几点的价格变动都有利可图。现在，有了相对正确、客观和可靠的入场方法，加之仓位可能更大，一天之内有几个基点的浮动，利润自然而然就产生了。

借助合适的电子化下单平台，用不了 1 秒钟交易人的指令就能得到执行。一旦指令得以执行，而且价格确定，那么立即就能以确定价格或市场价出仓兑现。正是这种前所未有的能力助推日内交易飞跃到更高盈利水平。

图 1-3 中，举例说明了交易人进行日内交易的一般情况。这是我日内交易账户的一个交易总结，一些日内交易人无疑会认为这一天的交易量以及持仓量太小。我是有意进行低仓位交易的，目的是为了说明即使在这样的微小价格变动、市场条件和经纪佣金条件下，日内交易日仍然能够获取合理利润，只要你按照可靠和可行的方法操作。

特别值得注意的是，只要能够快速交易以及利用微小浮动赚钱，不少头拮据的交易人也能下场参与了。这里的"拮据"，我是指几千美金。由于最近引进了微货币期货合约——正常合约 1/20 的资金额，期货交易的门槛更低。在外汇交易市场（如现金），鉴于入场资金额要求很低，几乎有点钱就能参与。但我不得不说明一下，启动资金越少，赚钱机会也会很低。引进低额合约是否有好处，新手能够在外汇市场用小成本交易是否是好事，都还尚未可知。当权者是给其他人做了件好事吗，否则最终的赢家只能是那些老手？

```
    296VM 982      6/21/10           CQG
    6/18/10 US DOLLARS FUNDS-Segregated Accounts US      47,390.50
    ----BUY SELL------CONFIRMATION--------------
    WE HAVE MADE THIS DAY THE FOLLOWING TRADES FOR YOUR ACCOUNT AND RISK.
       2     SEP10 CBT T-BOND    S    122.25
       1     SEP10 CBT T-BOND    S    123.13
       1     SEP10 CBT T-BOND    S    123.14
         1   SEP10 CBT T-BOND    S    122.26
         1   SEP10 CBT T-BOND    S    122.27
         1   SEP10 CBT T-BOND    S    123.13
         1   SEP10 CBT T-BOND    S    123.16
       4*   4* COMM/FEE          32.08-
         2  SEP10 IMM A-DLLR     G    .87120
         *  2* COMM/FEE          8.02-
            TOTAL COMM           40.00-*
            NFA                  .10-
            TOTAL COMM/FEE       40.10-                  *
    ----BUY SELL----PURCHASE & SALE-------------
    6/21  2    SEP10 CBT T-BOND   S    122.25
    6/21  1    SEP10 CBT T-BOND   S    123.13
    6/21  1    SEP10 CBT T-BOND   S    123.14
    6/21     1 SEP10 CBT T-BOND   S    122.26
    6/21     1 SEP10 CBT T-BOND   S    122.27
    6/21     1 SEP10 CBT T-BOND   S    123.13
    6/21     1 SEP10 CBT T-BOND   S    123.16
       4*  4*                    P & S     156.25 *
    6/18  2    SEP10 IMM A-DLLR   G    .86370
    6/21     2 SEP10 IMM A-DLLR   G    .87120
       2*  2*                    P & S    1,500.00 *
            TOTAL COMM/FEE       NET P&L  1,656.25 *
```

图 1-3 我的账户就是在佣金和费用低廉时,稍有利润就卖出,进行多次日内交易,这天每次交易的合约数量都很小,但是最后除过佣金和费用后的盈利仍然不错

日内交易比以前更有可为

日内交易比起从前更可行,成功几率更大。但这并不是说场上所有人都是赢家。工欲善其事,必先利其器,正确的工具、步骤和物质装备是不可少的。别以为可能、有很大把握就等于实际盈利。实现了盈利是日内交易的最终目标。利用手头最有效的新工具,成功就比以前有更大把握。

第 2 章 基础知识

定义、工具和考量因素

日内交易今非昔比！不仅变动快速而剧烈，而且波动和时隔也不同了。过去几天（至少几个小时）才能形成的价格变动，现在就是分秒之间的事情。以往这是专业日内交易人的天下，而现在则是新人的江湖。改变的程度、广度以及深度如此之大，以至于可以说任何人只要有一台电脑、一笔足够的启动资金以及一个交易账户，就可以披挂上阵了。当然入场并不等于获胜，也不是说有了人人都能用的强大工具就能保证不赔。日内交易人的普遍情况就是亏钱，不论用的工具有多厉害。如果交易人对日内交易的制胜法宝——方法、规则、原则和利润最大化策略还没有了如指掌，电脑能力再强，愿望再好也没什么大用，因为游戏大相径庭了。这本书会为日内交易人展现全新角度，结合当下发达情况的市场、方法和工具。

虽然在我看来我历时几十年开发出来的技术工具现在依然有效，但随着市场波动迅速、强有力的新方法使下单更快、佣金奇低以及利润最大化的新工具产生，都要求在这些方法的实施以及效果上进行重大调整，甚至"日内交易"一词的定义都不同了。很多市场已经实现了全天候24小时交易。下单的电子化，以及已经完全替代了传统公开竞价或集中交易市场的电子交易已经成为现实。芝加哥的货币期货市场每天开放23小时，一周无休。外汇市场（及现金市场）则是24小时营业。全球有些地方更几乎是一年365天，一天24小时都有市场开放。交易人用不着再奔到经纪人的办公室买卖了。

最近一则经纪公司的电视广告描述了两位男士关于投资的讨论。一人自称是日内交易人，大肆吹捧日内交易的好处，最终则铿锵有力地以对期货交易的溢美之词为结尾："我可以说能24小时交易……睡不着的时候就买卖标普期货。"我乐了，不禁坏想，他是不是为了做日内标普期货交易而无法睡觉，并不是睡不着就去做期货交易。尽管如此，这则广告提出了一个更合理和重要的问题。

这就是对"日内交易"一词如何理解或如何定义。在电子交易发展成目前状态之前，日内交易人都只在明确限定的日间施展拳脚。大多数期货市场赶在美国中部时间早7：20开始，下午1：15即闭市，或者直到下午3：15闭市；纽约股市的交易时间从早8：30到下午3：00。但在目前电子交易大行其道的环境下，情况迥然不同了。货币期货日内交易只能在日间进行吗？还是说日内交易能在23个小时内进行？

就本书而言，我认为日内交易是在交易规模最大的时间段进行的交易，这个时隔的意思多年来在美国没有实质改变。我建议交易人避开交易最不活跃的时间段。我会具体说明我利用什么样的时隔。注意，对于美国之外的交易人，只要选择在其市场的日间时间或其他市场的日间进行交易，那么适用同样的规定。

日内交易人制胜的最后一个因素就是要有明确的交易时间，并避开交投低迷的市场。原因就是在这种市场进行交易，不仅难于执行合理价格和折现，而且难于准确确定买卖时间。市场需要参与者，没有足够的买卖盘，游戏就琢磨不定了。

请见图2-1和2-2里的例子。图2-1是玉米的市场深度（DOM）图，显示了每一次卖价和买价对应的一个玉米期货基点。图2-2是流动性更大的国债期货的卖价和买价，两图对照看看。

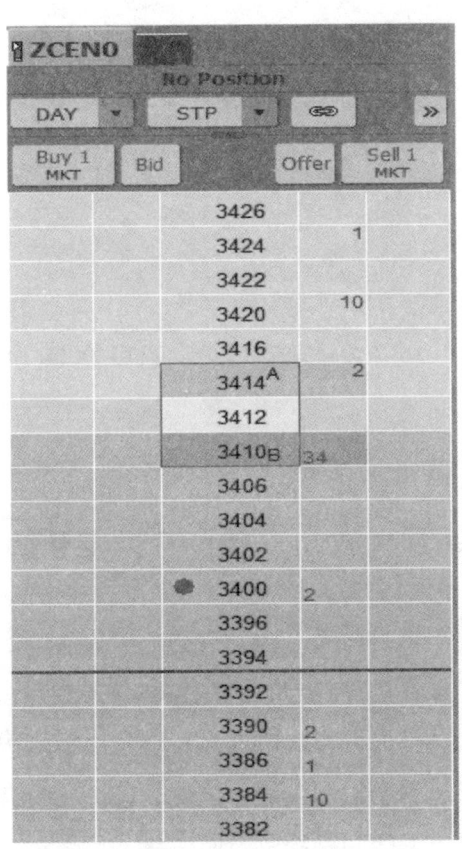

图2-1　玉米期货的卖价和买价（DOM）

— 15 —

Buy 2 MKT	Bid		Offer	Sell 2 MKT
		121220		
		121215	188	
		121210	209	
		121205	190	
		121200	185	
		121195	18	
		121190	24	
		121185	19	
		121180	13	
		121175	13	
		121170A	14	
		121165		
	0	121160B	22	
		121155	18	
		121150	20	
		121145	20	
		121140	26	
		121135	192	
		121130	200	
		121125	341	
		121120	211	
		121115	191	

图 2-2　10 年期国债期货的卖价和买价（DOM）

只要有波动，就能日内交易吗

日内交易人的交易对象没有限制。交易账户可以说能在所有自由市场处理从全球任何地方、在任何交易时间发出的指令。不过可惜的是，并非所有市场都支持日内交易。所以，多数专业的成功日内交易人并不是一有波动就出手，尽管他们当然可以这么做。日内交易是个需要专注的问题，也同样是个方法和精确定时的问题。

对流动性、波动率、收益率的考虑是获得利润的关键。日内交易人必须慎重选择战斗和战场。别指望在限制日内交易的市场进行日内交易，选择允许的市场是非常重要的。我会列出如何衡量哪些证券和期货适于做日日交易的明确原则。

每天可以交易的股票可以说有上千上万种，但其中绝大部分活跃性不够或日内价格幅度不大，无利于获得利润。而且，可以进行日内交易的期货市场只有屈指可数的几个。一些打算交易的人认为市场有限是个不利因素，这实际上是个炮衣糖弹。选择太多，仓位太分散可是日内交易人获得成功的最大阻碍之一。我坚决支持在日内交易上要专业和专注，而反对很多日内交易人采取的大包大揽或四处打散弹。集中关注少数股票或期货，最好是没有关系或不雷同的（即不相似），收效好于手握大把仓位，其中很多基本相似和相关。下面具体列出一些市场和选股的基本原则：

1. 基本原则是偏爱 10 日内日平均交易量至少为 1000 万股的股票。

2. 在外汇市场，只能交易交易量最大的一对货币组合，具体说就是欧元/美元、瑞士法郎/美元、澳元/美元、加元/美元、日元/美元、英镑/美元、欧元/日元、英镑/日元等等。

3. 期货上，偏爱日交易量至少是 20000 份合约的商品，如果大大超过则更好。就此而言，杰出代表包括（非以重要性为序）：原油、瑞士法郎、欧元、澳元、加元、英镑、日元、30 年期国债、10 年期国债、小型标普期货、黄金、白银、以及（时冷时热的）粮食和/或牲畜期货。

为什么做日内交易

在全球各地教学和交易过程中，我经常被问及我这么做的原因。虽然我喜欢做目前的工作，而且也很喜欢教授其他交易人，但最根本的原因同其他交易人一样。如果有人告诉你他们交易是为了接受挑战、为了冒险或只是为了好玩，那我可要真的质疑他们在市场赚钱的意愿和能力了。交易人交易的原因只有一个——赚钱，其他什么解释或理由都位居其次。日内交易人交易是为了赚钱，就这么简单直接。没错，日内交易的确是交易人能做的最刺激、最有挑战性的事情，但时时要记在心头的首要根本点必须是为了赚钱。

在市场波动率不断创新的事实面前，掌握了日内交易方法和步骤的交易人才能赚得盆满钵满，还不用承担隔日风险。现在的地缘政治风险更胜从前，动荡的政治经济局势现在是家常便饭。无论愿不愿意，地缘经济的不稳定直接影响了金融的稳定性。地缘政治飘忽不定，经常导致日内交易大幅波动，股票和期货价也是动辄转向。技艺高超的日内交易人就能利用有效工具见缝插针，赚一笔是一笔。

进行日内交易的另一个充分理由和第一个有关，即消除了隔夜风险。闭市后，日内交易的成果一清二楚，手中无股。遵守自己原则和步骤的日内交易人在闭市时清仓而出，这就避免了将损失带到第二天，也就避免了交易人最大的错误之一：坚守损失。

很多日内交易人，特别是初出茅庐者，会说他们希望每天都能赚点钱，例如他们会说"要是当天能赚500美元，我就收手不再交易了"——我认为这种理由极具误导性。限定每日的利润是日内交易的一个错误方法。日内交易日的目标应该是在一天内能赚就赚。达到获利目标就停手，则是自断财路。如果设定日盈利目标，限制获利潜力，那么一旦亏损，则往往会吞回所有收益甚至更多。这与当下流行的一个谬论针锋相对——如果日内交易人想战场称霸，就必须决定具体的盈利目标。虽然我不否认这种观点的出发点，但我还是要说：作为日内交易人，我的目标是要赚到闭市，在当天尽可能多赚。

一些交易人认为在每天闭市时了解盈亏情况，就能充分利用有限的资金。我也不同意这种策略。资金不足的日内交易人获胜的几率很低，因为经过接二连三的损失他们就坐不稳了。资金有限，他们会很快被踢出局。不参与就毋庸谈获胜，这是很简单的事实。另一方面我还认同一个基本看法，即最大效率运用资金，这是个明智之举。但是，只有在启动资金充足的情况下，这才是取胜之法。

总而言之，进行日内交易只有一个理由，那就是赚钱。其他所有理由都次要。如果你来的首要目的是赢得挑战，我会怀疑你是否会获胜。肯定有人不认可我说的话，但是我丰富的经验——不仅做过日内交易，而且观察过或意气风发、或业绩骄人、或连连失败的日内交易人，告诉我了这一结论。

交易装备

如果你现在做着日内交易，那可能很清楚需要什么装备和交易账户特点，才能增加获胜机会。如果没能在日内交易上赚钱，可能需要看看下面的建议：

1. 为日内交易专配电脑很重要。为了运行日内交易分析软件以及电子下单平台，需要有一台处理器速度快、内存大、硬盘大的电脑。我能长篇累牍地给你细细描绘一下这台电脑，但这一行日新月异，等我讲完，这些内容也早该更新了。简单地说，在预算内买到最快最好的电脑，存储量要最大。

2. 有些交易人喜欢看着两个、三个或四个屏幕，以便能同时跟踪不同的市场图和交易平台。我觉得一个足已，但两个更好：一个专门显示图和指标；另一个则显示交易平台和下单。为了提高速度，可以用多个电脑：一台显示图和市场；另一台仅显示下单平台。无论如何，最重要的是速度和存储能力。

3. 除了配备合适的电脑，还需要一个交易账户。账户里到底应该有多少钱，这个问题在交易人当中早已争论不休了。那些能从你交易中赚取利润的人会告诉你，开始时只要5000美元就行了。我坚决反对你这么做。原因很简单，投入的钱越多，获胜机会就越大。日内交易——在这一点上或许对于任何交易的一个浅显道理就是，总有亏钱的时候。实际上，损失常常会接踵而至。就像抽水后水位降低一样，几次亏损后，不仅交易人的精神受到打击，而且交易的次数也会减少。最后如果储水量流失太大，能动用的资金可能丧失殆尽。失去参赛机会何谈获胜。起始资金有必要充足，这个道理简单明了。在现在这种市场波动情况下，5000美元根本不够。当然还有多少足够的问题。简而言之，投入越多，获胜机会越大；投入越多，可交易的合约和股票越多；可交易的合约和股票越多，进出就更灵活；进出更灵活，更有机会利用利润最大化策略获胜。最后一点，要知道波动性也是决定账户大小的核心问题。日内交易标普500期货合约需要的钱超过日内交易小型原油期货合约需要的钱。

4. 日内交易完整天然气期货合约需要的钱多于日内交易小型欧洲货币期货合约的钱。有必要知道自己能力的局限，以此限定起始资金，这一点简单、明了且必需。开始进行日内交易前，要100%认识到，进行此项冒险的钱完全是风险资金，同时也是能足以获得公平获胜机会的风险资金。我在全球各地指导交易人如何交易时，有一件事让我惊诧不已——连在网上开一个零售商店，比如说一家饭店都认为100000美元不值一提的各位高人，竟认为用5000美元就可以开始交易了。

5. 进行期货交易需要期货账户，进行股票交易需要股票账户。有些经纪公司能同时进行股票和期货交易。从实践中，我发现这样的公司总有一方面较弱。也即是说，主营业务是股票权证和股票的一些经纪公司在其平台上只会提供有限的几个期货品种；主营业务是期货交易的经纪公司在股票方面则捉襟见肘。因此我建议分开设立两个账户。

6. 最终决定在哪个经纪公司开户之前，还有一些必须考虑的因素，包括：选择哪个交易平台、佣金高低、选用电子下单平台还是借助经纪人，以及保证金政策、信誉和折扣。我认为所有这些问题都非常重要。旨在加强下单速度和迅速反馈下单失败的用户友好型交易平台对日内交易人来说至关重要。

7. 在首次交易前，要认真考虑进行交易的地点。有些交易人愿意在家里，一个人做的决定利润更大；另一些则偏爱办公室因为那里有很多同行，这种氛围可能促发有利的交易行为。其他交易人持有不同的观点，运用不同的方法、系统和指标，进行不同的交易，可能会严重分散精力，甚至极大降低决策速度。我发现，在与其他交易人隔绝的情况下，我的收益更好，因为我非常容易受其他观点的影响和暗示。我敢在这里独树一帜地说，大多数交易人都容易受影响，在没有其他交易人及其意见的打扰下，能靠自己大有斩获。在我看来，多数日内交易人不看电视、不听广播就能收获颇丰。但这一观点有一个很重要的例外，我会在第七章讲到。

8. 最后，在选择进行何种交易时，必须采用一套可靠有序的程序。无论是交易股票、期货还是外汇，精挑细选大有裨益。要这么说，得明白我说的精挑细选是什么意思。鉴于现在有成千上万种股票，40多种期货品种，无数的交易时隔，精挑细选的重要性无以复加。成功的日内交易人不能"无处不在"——每天介入的股票和期货数不胜数，交易的日内时隔数不胜数，这样做无疑是自取灭亡。建议大家精挑细选，就是说每次交易必须限定在几个时辰，而且最好是仅有一两个时隔。此外，工作必须分隔开。也就是说，不能比较不同时隔的交易信号，也不能将一种方法的信号和另一种方法的信号进行对比。这个意义上的挑选就是说必须专注。

第 3 章　交易模型

建立、启动和跟进

进行所有股票或期货交易的成功之处在于有一个持续使用的结构。缺少可靠、保持一贯性的结构，就只能陷入错误百出、感情用事、操作无序以及疏忽大意的境地。相信我，40 多年的交易、投资、调查和咨询经验总结出的最重要的一个结论就是，要踏上盈利之路，结构就是必备的最重要资产。没有形成稳固的基础或交易或投资框架，付出血汗也会一无所获。

市场结构

可用的市场结构不胜枚举。但归根到底，重要的只有三个条件：

1. 结构要有理可循，符合逻辑；
2. 结构要 100% 客观；

3. 与结构有关的规则具有可行性。

如果这三个条件都符合，那么结构就能发挥良好作用，为交易、投资或两者提供稳固的支撑基础。

我自己开发的结构是基于广泛的经验，其中不仅有自己的经验教训，还有对其他交易人的领悟。我有幸到世界各地做过至少几百场探讨会，与寻求帮助的交易人当面交流过，也亲眼目睹过他们功绩赫赫或伤痕累累。我对结构的认识就凝结在本章谈到的 STF（建立、启动和跟进）方法上。

请注意，我这里提出的方法适用于任何定时工具、交易系统或市场指标。STF 结构并非交易方法，而是具体的决策步骤，任何交易方法、定时指标和风险管理都适用。可以把 STF 方法看作是驾驶员在起飞前用的维护和检查程序。STF 旨在让你高瞻远瞩、免于失败并不犯失之毫厘谬以千里而完全不必要的失误。

STF 结构具体分析

现在进一步解释 STF 机构的含义，其中包括三方面：

1. 建立

2. 启动

3. 跟进

每一因素的定义如下：

建立

建立这一方面的内容涉及到决定交易的具体形态，包含了随机形态、价格为本形态、图表形态、确定时机、指标、背离、艾洛特波浪、江恩角度、回撤、甚至占星术上的指标（对信则灵的人）。先说明，这个时候的建立还只是山雨欲来的一种自然反应。建立并不是行动命令！是一个预警、信号、示意。STF 方法的核心在于要有稳固可信的形态，但不到第二步触动完成就不能据其行动。

前面说过建立有很多种。可惜的是，不少交易人认为有效的建立实际上一无是处。只有零星的几个图表形态经过实际测试或评估后，被证明是可靠或正确的，例如非常流行的几个重要反转和旗形形态。假设，一个关键的反转向上表明市场会触底，而三角或旗形的上线突破则预示了上涨趋势，反之则是三角或旗形下行穿透。

这种市场神话多年屹立不倒。但现在依然没有对这种形态进行过实际测试。现实是，大多数如果不和启动结合使用则毫无用处，后者在下一节讨论。

下面以我网站上 PatternsForProfit.com 的一点市场调查为例来说明。这个网站上可以定义和测试市场形态。举的例子里，我定义和测试了瑞士法郎的一个关键反转形态，如图 3-1 所示。

图 3-1 里的数据表明在价格出现关键反转上行后，从第一天到第九天的变化。此图清晰地反映出，这种形态在此期间的准确率达到 50% 左右。也即是说，这种形态得出结果的正确率不足，无法获得交易利润。加上每一笔交易少得可怜的平均利润（不包括下跌量和佣金），成效惨不忍睹。如果没有启动来提高准确率，假设交易人感觉自己的时机确定没错，但用了关键反转后，得到了却是当头一棒。

	交易总数	获利交易数	亏损交易数	获利比利	亏损比例	平均获利/损失（美元）	平均获利额（美元）	平均亏损额（美元）	最大获利额（美元）	最大亏损额（美元）
1	278	144	134	51.8	48.2	40.2	484.55	-437.31	2650	-3287.5
2	278	144	134	51.8	48.2	34.71	676.48	-654.94	2687.5	-4462.5
3	277	142	135	51.26	48.74	0.95	759.77	-797.22	5787.5	-4462.5
4	274	139	135	50.73	49.27	8.94	942.18	-951.94	6562.5	-6600
6	273	135	138	49.45	50.55	30.27	1132.87	-1048.37	6562.5	-6600
5	273	135	138	49.45	50.55	30.27	1132.87	-1048.37	6562.5	-6600
7	263	132	131	50.19	49.81	41.06	1309.37	-1236.93	9487.5	-6600
9	259	127	132	49.03	50.97	30.94	1371.56	-1258.9	9487.5	-6600

图3-1 根据瑞士法郎的主要反转信号而买入的交易结果

启动

在这个结构里,启动还可称为时机,用来验证建立是否可靠。有多少交易人可能就有多少时机指标。不幸的是,指标数量大的惊人,但质量就低的可怜了。大多数时机指标离了建立本身就是毫无用处。按我保守估计,这就是大多数交易人亏钱的原因所在。如前所述,启动方法少则几百多则几千种。实际上,当今所有的交易软件系统编辑了不下几百种指标,从移动平均线到江恩角度、艾洛特波浪分析、相对强弱指标、动能指标、随即指数,等等,应有尽有,交易人随便取用。虽说可选的多种多样,但应用起来往往稀里糊涂、随意而为。交易软件如此之多,用的人很容易就眼花缭乱了。最后这一点也毋庸置疑,广大的交易人不知道怎么利用那些琳琅满目的指标,也不知道这些指标是否有用。

以前讨论过主要反转形态,而我又增加了启动。启动就是收盘高于重要反转日的最高价。这种形态的计算法则如下:

建立

第二天最高价>第一天最高价

第二天最低价<第一天最低价

第二天收盘价>第一天收盘价

启动

第三天收盘价> 第二天最高价

现在到 PatternsForProfit.com 上进行同样的测试,所得结果如图 3-2 所示。

	交易总数	获利交易数	亏损交易数	获利比例	亏损比例	平均获利/损失(美元)	平均获利额(美元)	平均亏损额(美元)	最大获利额(美元)	最大亏损额(美元)
1	106	54	52	50.94	49.06	35.26	490.05	-437.02	1950	-1675
2	106	49	57	46.23	53.77	33.96	694.64	-533.99	1950	-1925
3	104	49	55	47.12	52.88	81.25	818.11	-575.23	1950	-2912.5
4	104	61	43	58.65	41.35	102.52	804.3	-893.02	1987.5	-2912.5
5	102	56	46	54.9	45.1	129.04	890.85	-798.37	1987.5	-2912

图 3-2 根据瑞士法郎的主要反转信号结合启动而买入的交易结果

图 3-2 中，不同的方法产生了更好的结果，但还是无能让人完全心满意足。为了找到更好的启动点，就有必要做更进一步的研究。

跟进

结构里的这一阶段涉及到损失管理和利益最大化策略，称之为跟进。每种交易方法都应该努力降低风险，但同时也要借助具体的策略使利润最大化，这一点至关重要。

我认为，没有包括这三个因素——建立、启动和跟进的任何一种交易方法或系统，长期内必定失败，甚至可能在短期内夭折。

结论

运用交易模型，特别是我提出的建立、启动和跟进模型，是日内交易成功的关键。这一章对这一模型的简要概况，是以后章节中介绍的所有交易方法的背景框架。你会看到这些方法如何一一对应了这种结构。使用 STF 模型可以实现以下目的：

1. 有了确定所有交易的客观模型。

2. 有了确定而步骤明确的程序。

SFT 模型可以指出是否出了错、哪里出了错？

STF 可能防止常常导致亏损的意气用事。

STF 模型具有逻辑有秩序，有助于避免无序和无理行动，也就能避免损失。

第 4 章　交易系统的开发和测试

我们已经被灌输了认为日内交易成功——在这一点上，或者说所有交易成功的钥匙，是运用有效的交易系统和方法。数不胜数的书籍、文章和研讨会都集中在系统开发和系统性交易。但我认为尽管利用系统性方法的好处不胜枚举，大量的系统的交易已经言过其实。

尽信交易系统的新型日内交易人无异于不用任何形式交易系统的新型日内交易人。复杂的高概交易系统方法实际上利用了从交易所买来的内幕信息，才证明了其战无不胜，这种优势并不能为广大日内交易人享受。任何交易系统或方法，无论多么机械化、多么客观、多么具体，在只知道一招半式的交易人手里都是毫无用处。

最后，交易人自身的局限和心理素质是这一链条上最薄弱的环节。即使把测试证明无往不利的交易系统交到三脚猫交易人手里，其结果也会是惨不忍睹；而老练的交易人即使用效用低微的交易系统，只要他能使利润最大化、风险最小化，也很有可能斩获颇丰。因此我才会说，交易人必须小心谨慎，别陷入系统性交易的陷阱或假象，而不明白测试成功的交易系统，不仅仅是下单和执行那么简单，里面大有乾坤。

现在我要深入探讨一下交易系统这个主题的含义，讲讲其局限以及在日内交易中的应用。但我首先要强调：经过多年经验和众多日内交易，我坚信日内交易和股票期货或外汇的进入信号，有可能或应该是完全机械性的，而当下的日内交易却完全无法机械操作。我之所以这么说，是因为专业日内交易人必须根据市场潜在条件在当日空仓而出的日子就要一去不复返了。这就是说，决策必须根据眼前的交易做出，无论当时是亏是赚，而且这些决策必须综合了风险管理利润最大化策略和市场潜在条件。但我不同意有些人认为的，用完全机械化的交易系统进行买卖、最小化损失和最大化利润是日内交易成功的最终道路。而且，如前所说，这类经过验证的方法——最著名和应用最广泛的要数高频程序，完全是机械化的，但可惜基本上不能为交易大众所用。

估计，在期货和股票交易领域，再没有比交易系统开发更被人误解或曲解的了。期货交易人普遍以客观、善于分析、理性自夸，他们躲在自己的怀疑论里安然自乐，坚定不移地认为交易方法要科学可靠，且一有机会，就坚称要根据事实证明系统实施的效果。自从大家能买得起电脑硬件和软件后，这种期货交易系统和方法要可靠的偏爱就越来越深入人心、应者云集。

有关系统测试和系统开发的著作已经多如牛毛，相当多的关注点都放在了充分测试交易系统的重要性上，以期在实际应用前稳定其功效。此外，为促进获利交易策略的发展，系统优化也抓取了众多眼球。

认真的股票和期货交易人有必要研究和搞清楚系统开发和优化策略。两个市场的共通问题可能会在很大程度上影响交易系统和方法，进而影响交易成果。或许我的努力会帮助你选择正确的策略，躲开那些或招致损失、或极大限制获利潜力或两者兼有的策略。我们首先谈谈交易系统开发。

系统开发

现在的电脑软硬件只不过几千美元就能买到，这使任何半电脑盲的人都有可能开发出貌似能赚钱的交易系统。之所以说貌似能赚钱，是因为根据我的经验，即使测试结果良好的交易软件，也根本无法保证其盈利效果在未来实际市场环境中能得以复制。谨记：系统测试无非是在市场环境中分析某种模型。模型越复杂，越能对以往数据的一点切合。但这点切合未必就能体现到未来的市场环境中。曲线拟合——开发貌似有效的交易系统的过程，的确能生成惊人的结果，但也不啻是水月镜花，对未来毫无作用。因此，如果要把测验结果当真，而且用于实际交易，就应该注意和密切监测系统测验。

为了避免根据系统测试进行交易的陷阱，就要明白几个重要问题。我知道，读者或所有交易人或市场分析师会对我的系统、系统测试、系统优化观点众说纷纭。但我认为有必要一一予以说明，希望你们能更好理解我对市场和交易未来的一己之见。你会发现，我对系统开发的看法完全不像其他交易人的那样僵化。虽然我不反对做系统测试，但我完全相信全盘接受系统测试本身就很危险。先来理解"交易系统"的定义，然后我再说说我的道理。

何为交易系统

交易系统是一套客观的原理和步骤，据此来评价和用于市场的实际运行和关系以产生利润。隐藏在使用交易系统背后流行观点是，通过测试开发出一系列的步骤，如果正确实施的话，就有可能带来盈利。

如果严格按照这些测试有效的交易系统里的步骤和原则操作，交易人就有望赚钱，至少比抛弃系统或甚至意气用事情况下，有一个更大的赚钱机会。

我对这两个假设不敢苟同。原因在于，交易系统的开发就是将假设和人为框架应用于由大量随机行为得出的数据组。交易系统的开发就是有不断的测试和改错构成，到最后才能确定一个有效市场指标组合。这些指标往往与各种风险管理原则结合使用，即使应用在某个（或些）特定市场，也只是根据过去情况来判断将会发生什么。绝大多数情况下，交易系统给本省并不能揭示出市场隐含的真相或现实，反而会表明，只要所有交易系统都涵盖了两个核心因素：止损和最大化利润，那么敷衍了事地应用一套原则，其结果也不会无法接受。也就是说，大量的系统测试显示，绝大多数交易系统运行结果的准确率有 50% 或更少，很少有达到 60% 至 75%，达到 75% 以上的更是凤毛麟角（假设数据样本足够大）。测试时间越长，结果的准确率越低。在统计学上，这就叫做"趋均数回归"。说白了，意即大多数交易系统没用。而且，交易系统只要涵盖了有效的风险管理原则和利益最大化策略，就能大幅提高成功几率。

举图 4-1 和 4-2 来说明一下。图 4-1 是没有利润最大化策略的机械化交易系统的回溯测试结果，图 4-2 里的系统相同，但加入了利润最大化策略。我所说的利润最大化策略包括止损点、利润最大化方法和初始目标。这个初始目标一旦实现就能将风险有效降至零，而且在市场继续向有利方向运动时，能利用追踪止损法锁定利润。

欧洲货币交易系统：无利润最大化策略			
总计			
总净利：	98715美元	获利因子(盈/亏美元):	1.80
总交易数：	81	盈利比例：	37.0%
平均交易额：	1219美元	盈余付出率(平均盈/亏)：	3.07
平均持仓时间：	23.38个分析周期	Z-Score (盈/亏可预测率)：	0.4
平均交易手数/年：	9.8	入场时间比：	79.5%
最大平仓亏损金额：	-20873美元	最大日内浮动亏损：	-22440美元
账户必要规模：	25680 美元	收益比：	384.4%
开盘资金：	13890美元	凯利公式最优值：	0.1651
Current Streak:	2次盈利	最优F值：	0.18
盈利交易		亏损交易	
盈利交易总次数：	30	亏损交易总次数：	51
总盈利：	221463美元	总亏损：	-122748美元
平均盈利：	7382美元	平均亏损：	-2407美元
最大单笔盈利：	21778美元	最大单笔亏损：	-3373美元
最大浮动亏损：	-2923美元	最大浮动盈利：	16378美元
平均浮动亏损：	-1118美元	平均浮动盈利：	1999美元
累计上涨平均金额：	10240美元	累计上涨平均金额：	1999美元
累计下跌平均金额：	-1118美元	累计下跌平均金额：	-2543美元
连续盈利最多次数：	3	连续亏损最多次数：	6
平均连续盈利次数：	1.50	平均连续亏损里次数：	2.55
平均盈利持仓时间：	42.37 个分析周期	平均亏损持仓时间：	12.22 个分析周期

图4-1 利用交易系统（无风险控制或利润最大化策略）对欧洲货币期货市场进行回溯测试的结果

仔细研究图4-1和4-2就会看出一些显著区别。最大区别就是，尽管图4-1里的整体利润更高，而图4-2虽然整体利润不高，但因为附带了风险管理和利润最大化策略，准确率大幅提高，而且持仓时间更短。图4-3和4-4是这个系统在两种情况下相应的盈利资金曲线。你更倾向哪个呢？

欧洲货币交易系统：无利润最大化策略			
总计			
总净利：	60163 美元	获利因子(盈/亏美元)：	1.74
总交易数：	200	盈利比例：	84.0%
平均交易额：	301美元	盈余付出率(平均盈/亏)：	0.33
平均持仓时间：	2.29 个分析周期	Z-Score (盈/亏可预测率)：	0.2
平均交易手数/年：	24.2	入场时间比：	19.2%
最大平仓亏损金额：	-11113美元	最大日内浮动亏损：	-11635美元
账户必要规模：	14875 美元	收益比：	404.5%
开盘资金：	0美元	凯利公式最优值：	0.3568
Current Streak：	11次盈利	最优F值：	0.38
盈利交易		**亏损交易**	
盈利交易总次数：	168	亏损交易总次数：	32
总盈利：	141633美元	总亏损：	-81470美元
平均盈利：	843美元	平均亏损：	-2546美元
最大单笔盈利：	3628 美元	最大单笔亏损：	-3335美元
最大浮动亏损：	-3260美元	最大浮动盈利：	865美元
平均浮动亏损：	-577美元	平均浮动盈利：	251美元
累计上涨平均金额：	1124美元	累计上涨平均金额：	251美元
累计下跌平均金额：	-577美元	累计下跌平均金额：	-2636美元
连续盈利最多次数：	17	连续亏损最多次数：	3
平均连续盈利次数：	6.00	平均连续衣柜里次数：	1.19
平均盈利持仓时间：	2.18 个分析周期	平均亏损持仓时间：	2.84 个分析周期

图 4-2 利用相同的交易系统（包含风险控制或利润最大化策略）对欧洲货币期货市场进行回溯测试的结果

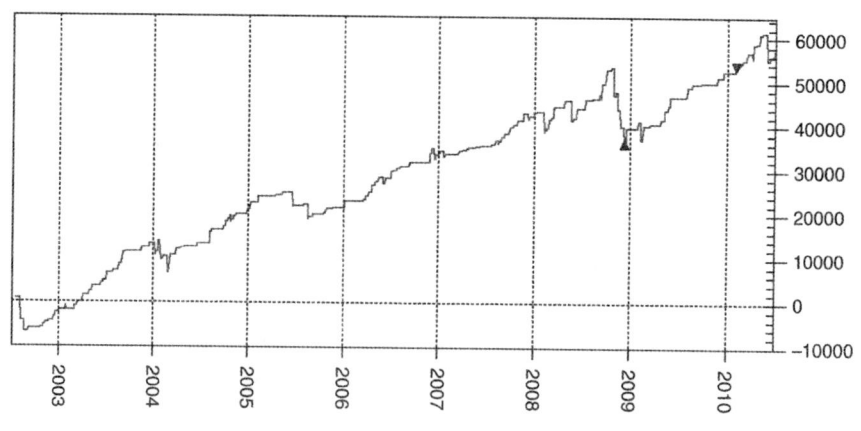

图 4-3 附带止损和盈利最大化策略的交易系统运行出的欧元货币期货资金曲线

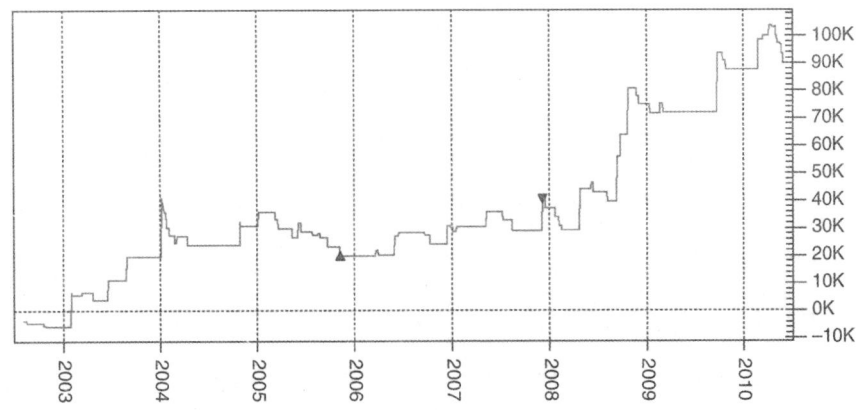

图 4-4 无止损和盈利最大化策略的交易系统运行出的欧元货币期货资金曲线

再看看这两个结果。其中一个比另一个明显更有效益，这虽没错，但附带利润最大化策略的系统表现更稳定、更持久，正确率更高，而且（归功于持股时间短）资金的运转机会更多。

随机漫步

波顿·麦基尔在其经典著作《漫步华尔街》中提出了随机漫步理论。该理论提出了一个与系统开发相反的非常有力的观点，即绝大多数的市场行为都是随机的，因此，试图预测价格根本是水中捞月，而且价格本来就无法预测。我对麦基尔的话并没有全盘否定，其中一些观点还是有道理的。我一直认为，坚持遵守一套理性而未优化交易方法，而且同时能严格遵守风险管理原则，就能有所收获。这些利润可能会等于或大于死板硬套交易系统得来的利润。任何交易系统的核心实非系统本身，而是其对风险管理和利润最大化策略的处理，以及交易人实施该系统的水平。

未尽之言

那我是不是说不应该利用系统进行交易？交易系统不值一文？根本就不应该测试或开发交易系统？还是我要带领你们另觅他途？坦白说，我的意思是，与其优化交易系统，不如开发自己的风险管理方法和交易风格，这样的时间才花的值。在本书里，毫不夸张地说，你几乎找不到展示交易系统成果的例子，反倒是再三提醒交易系统的局限性；书里也不会列出一堆优化的、完美无缺的曲线相符日内交易系统，这些系统只是看上去很美，而日后的表现却是不敢恭维。日内交易的系统开发和测试往往是异想，别太指望他们了，可能会让你误入歧途。

因此我认为，认真的日内交易人应该在下面几方面下功夫：

1. 研究和改进准确性较高的定时工具；
2. 致力于风控方法，包括限制损失；
3. 开发和实施利润最大化策略；
4. 利用客观的方法入市，多准备几个退场选择点；
5. 集中锻炼，加强在交易时保持的一贯性和客观性，无论你用的系统是否经过全面的回溯测试，这些本领都会助你一臂之力。
6. 如果采用电脑化的交易系统（如上所述），要了解交易的局限性，以及规则规定的交易保证金额。

市场在变，参与者在变

使用交易系统和开发系统中的另一个重要问题，是市场的特性并非静止。今天的市场与20世纪50年代、60年代、70年代、80年代，甚至90年代的市场是天差地别。历史上，每个时代的市场都有其自身的突出问题，每个市场都经历过重大的根本发展和变化，影响到其基调和深层反应。日内交易人和投资人都要适应这些变化，调整自己的交易方法或止损和利润最大化策略。

此外，参与人的本质也改变了。在20世纪80年代，机构只占期货交易人的零头，而如今他们是市场的主力军，其集中买卖能在市场上引起惊涛巨浪。据估计，现在股票交易量的50%是闪电交易带来的。

因此，20世纪70年代业绩尚佳的交易系统在21世纪以后就不太管用了，所以很多交易系统在测试时，其向均数回归远不如当年。如果想自己做个试验，那就根据近5年的数据数据开发一个交易系统，然后在近10年的数据上测试一下。最有可能的结果就是系统的效能降低了。

现在再试试近15年的数据。结果？系统在绝大多数情况下惨败收场。这是向均数回归的一个典型案例，表明市场的特性变了，而市场参与者也变了，接着就影响了交易系统长期的一贯表现。

苦觅化解之道

针对我提出的交易系统和回溯测试的重大问题和局限，如何化解？有几个可能有效的方法。首先，对交易系统的研究适可而止，我不相信有谁能发现或披露利用调查方法研究出的交易系统终结版。我坚信，重点应该放在开发简单而不断重复并可靠的市场关系，而不是系统本身。其次，日内交易人一定要开发出明确的方法，在有效的风险控制条件下，处理连贯的日内交易市场关系。第三，日内交易人（实际上是所有交易人）要对市场条件的改变非常敏感。密切监测实施效果，确定市场何时改变，何时应该据此改变交易风格和方法。这本书要讲的就是这些方法。

人工智能的作用

以上我所说可能有一个非常重要的例外。电脑软硬件现在日新月异，我认为基于人工智能的交易系统的开发，即将会成为市场的重大力量。我这里特指基于神经网络的系统。

不久前，模仿人脑功能的电脑软硬件估以天价，只有政府和大型公司才买得起。而现在，电脑内存买得起了，电脑芯片速度越来越快了，因此能在很多层次上同时运行大规模数据了，这样人工智能就可能出现创新和巨大变革。人工智能是指基于机器或由电脑模拟的智力，目的是模仿人类解决问题的过程。这种新科技已经应用于科学、商业和工业，特别是工业机器人领域。

人工智能的一个高级分支称为"神经网络"，实际上根据人类的思考逻辑搭建软件，试图复制人类的学习过程，还想创造出一套电脑程序，能总结错误，从而经验越多性能越好。虽然这两个目标现在有些遥不可及，但以现在的未来的科技水平，并非白日做梦。因为神经网络是努力模仿人脑的智力运行，这种新科技有望为基于电脑学习模式的交易方法开创一片全新天地。如果神经网络在股票期货教育领域的前景如我所料那样辉煌，这种新科技就有可能在系统开发上掀起惊天巨浪。

因为每个神经分析程序在所研究的市场力量和采用的学习模式不同，能同时得出相同结论的神经程序寥寥无几。由此，神经程序采取的方法也五花八门，鉴于参与者不会全都同时或在相似时帧在一个方向交易，在神经程序在最终的分析中会被看做是市场上绝对积极的因素。由于神经研究推论的方式，专注点就基本上放在了识别和评价推动市场运行的现状关系中的形态了。既然推动市场趋势的力量每天、每周都在变化，对这些变化敏感的神经研究也在变。

神经系统生气勃勃，突破了传统交易系统的僵死局限。这样当然会避免了传统交易系统里的一个重要判断——传统交易系统对能够日后发生巨变的市场隐含条件视而不见。

最后，神经分析程序也评估市场输入因素，这一点与传统交易系统一样。但神经分析程序能够评估大量的因素（我所说的输入是指标），能分析任何指定时间分析推动市场价格的指标组合；能把技术和基本面因素的评估同时结合起来。这样，传统系统就与神经分析程序相差万里，几乎是云泥之别。虽然我认为这样的网络还有负众望，但可能后几年这样的交易方法就不绝于耳了。

明日预想

神经分析程序在未来几年完全可能淘汰传统交易方法，但问题也就来了：那为什么还要学习这本书或，在这一点上其他任何书讲的系统或指标？不难回答。到现在你应该明白，我的重点不在系统或技术本身，而在于提高交易人的技术。技术最终定输赢。最有效的交易方法落到毫无章法、意气用事的三脚猫手里，只能是盲人骑瞎马。

相反，一个乏善可陈的交易系统在知识渊博、经验丰富、有理有据、小心谨慎的交易人幻化下则是点金石。因此，本书中介绍的技术（前提是你有心、有悟性）将会使你如虎添翼，与你选择何种交易方法无关。而且本书中的技术相当于神经电脑头脑中的智力因素，其如果与其他因素结合使用，成效可以让人大跌眼镜。因此你花费的时间和金钱将会带来正面效益，无论还有什么新鲜出炉的系统粉墨登场。说教到此为止——现在开始实战！

第 5 章 平均线日内交易

本书从头到尾对读者的专业程度做了一些假设。我设想，既然能买这本书，那么你就已经对股票和期货市场以及基本技术指标达到了一定的娴熟运用和了解。因此我省略了许多基本概念，认为你们已将掌握了标准交易用语。但我还会不时解释一些众所周知的概念，其目的是更正这些我认为普遍接受但错误的概念。此外，我还想重新定义一些日内交易领域的词语。希望这些基本解释不会让你觉得不舒服。

移动均线基本知识

大量的交易系统都建立在移动均线或其变形的基础上。但你会发现，这并不意味着传统的移动均线处理方法不赚钱了或不正确了。幸好，移动均线理解和应用起来相对容易，而且往往非常容易计算。移动均线种类繁多，下面介绍一些我用的移动均线。

简单移动均线

简单移动均线（MA）是指数据系列中的每个价格赋予相同权重或价值的均线。把 10 天的价格相加再除以 10 就很容易得出 10 日均线。从总和中减去第一个原值并加上第 11 个值，剩下的还是 10 个数据，然后求和在除以 10，就产生了移动均线系列的第二个值。就这样不断加上下一个原数据。x 个时间单位的移动均线总是还有 x 个数值。我说到 10 个期间的移动均线，就是特指 10 天、10 小时、10 年、10 个月或 10 个五分钟。这个时间单位就是期间。

特别是我们利用日内交易移动均线时，我们面对的移动均线期间从 1 分钟到 1 小时。因此，我说的一分钟数据的 10 个期间的简单移动均线，就是指把 10 个最近的一分钟价格相加再除以 10；10 小时移动均线，就是指把最新的 10 个小时的价格（一小时一个价格）相加除以 10。

指数移动均线

指数移动均线（EMA）与简单移动均线稍有不同，是根据指数衡量每个价值。使用指数移动均线的目的，是在理论上为了有一个反应潜在数据的平均值。本书并未讨论指数移动均线，但专门解释如何计算 EMA 的资料众多，你们都可以参考。到网上搜一搜，就能找到很多解释和定义。在操作中，我只会和 MADC（指数平滑异同移动平均线）结合来使用指数移动均线。

加权移动均线

加权移动均线（WMA）中，数据系列的所有价值加权值不同，是我喜欢用的一个指标。其中包括两种加权平均均线：前置加权（亦称前载）和后置加权（亦称后载）。如果最新数据指的是前部分数据，那么前加权移动均线借助固定的加权数或价值成倍增加了最新数据的每个值，为最新数据的更大影响做好准备。后加权移动均线衡量几个序列中最早的数据，目的在于在最后分析中赋予更重要的作用。

平滑移动均线

平滑移动均线（SMA）是另一种加权移动均线。这种情况下，数据的计算"平滑"，防止平均线波动太大，希望产生更稳定的信号。

三角移动均线

三角移动均线（TMA）是另一种移动均线，强调正常的统计分布。也即是说，TMA 的两端比中间部分所占权重较小，这样就使 TMA 更加集中，更能反映数据列正常的分配数量。例如，为了计算 7 天的 TMA，就需要进行一下步骤：

原始数据：A、B、C、D、E、F、G（7 天）

第一步：$x = (1 \times A) + (2 \times B) + (3 \times C) + (4 \times D) + (3 \times E) + (2 \times F) + (1 \times G)$

第二步：$TMA = x/16$（16 为所有乘数的和）

传统移动体系：资产和负债

尽管现实中移动均线这一主题有无数的变形，但绝大多数基于移动均线的交易体系，无论其具体是何种类型，都有一定的局限性，优势也为数不多。

移动均线系统就是趋势跟踪系统。一旦市场根据均线开始移动，交易人就上钩了；波动结束或反向时，他们就清仓而出（即"平仓"）。市场趋势明确时，MA 效用明显。但市场毫无头绪或整理时，移动均线就面临巨大的局限和不足。而市场趋势强劲的情况大概只有30%，多数移动均线系统正确的时间在20%到50%之间。

由于移动均线的正确率相对较低，因此多年来股票和期货交易人从中获得的成功率和收益相对较低。但不能说 MA 系统无法赚钱，从中可以获利，但条件是谨慎一贯地执行风控和良好交易的核心原则。

对 MA 优劣势要有必要的基本了解。如前所述，移动均线体系的问题是准确率不高。移动均线是滞后指标。滞后指标，名如其实，本质上，是跟随在市场后的指标，要等着市场改变方向后自身才会改变。这种指标的一个积极面就是不会频繁变动，要一直等到新趋势已经确立，正在进行了才变；负面因素当然是移动均线显示的新趋势开端，实际上可能就是一个短暂趋势，或仅仅是现行趋势的随机变形或"暂变"。但大多数移动均线系统还未聪明到能分辨出真实趋势和现行趋势短暂变形的区别，因此就发出大量的假信号。它们对市场说："带着我，我会跟着"，但它们的转向往往迟到。

为了证明我的观点，我从过去的一些业绩表现中选了几个有力证据。首先看看所谓死亡十字的一个例子。如果你看过一些流行的技术文章和交易杂志,或在电视上看过几位市场"专家",那可能知道这个流行的神话,即如果50日均线和200日均线相交下行,这就等于是给股价敲了丧钟,因此预示着下跌趋势的开始。你也许还听说过50日均线和200日均线相交上行,就是股市冲锋号吹响了。

幸好这种论断可以在电脑上进行测试,也就能测试或证实另一个流行的市场神话。图5-1显示的就是对1952年以来道琼斯工业平均值的测试结果。概略内容如下:

所有交易的摘要报告			
		2010年7月4日13:52:14	
名称:	移动均线交叉样本		
符号:	$DJIA		
资金过滤器:	关闭—允许所有买入		
采取下一次交易:	未采用资产过滤器		
总计			
总净利:	3066美元	获利因子(盈/亏美元):	1.52
总交易数:	34	盈利比例:	29.4%
平均交易额:	80美元	盈余付出率(平均盈/亏):	3.65
平均持仓时间:	396.03个分析周期	Z-Score(盈/亏可预测率):	1.0
平均交易手数/年:	0.6	入场时间比:	87.0%
最大平仓亏损金额:	-3681美元	最大日内浮动亏损:	-3701美元
账户必要规模:	3701美元	收益比:	82.8%
开盘资金:	506美元	凯利公式最优值:	0.1007
Current Streak:	10次亏损	最优F值:	0.17
盈利交易		亏损交易	
盈利交易总次数:	10	亏损交易总次数:	24
总盈利:	8958美元	总亏损:	-5892美元
平均盈利:	896美元	平均亏损:	-246美元
最大单笔盈利:	4929美元	最大单笔亏损:	-1027美元
最大浮动亏损:	-202美元	最大浮动盈利:	2881美元
平均浮动亏损:	-94美元	平均浮动盈利:	260美元
累计上涨平均金额:	1297美元	累计上涨平均金额:	260美元
累计下跌平均金额:	-94美元	累计下跌平均金额:	-394美元
连续盈利最多次数:	3	连续亏损最多次数:	10
平均连续盈利次数:	1.25	平均连续亏损次数:	2.67
平均盈利持仓时间:	863.80个分析周期	平均亏损持仓时间:	201.13个分析周期

图5-1 1952年至2010年间50日均线和200日均线相交下行和上行的交易结果

1. 这种方法的准确率达到 29.4%，也就是说超过 70% 的交易是亏本买卖。

2. 佣金或下滑尚未减除，也即是说如果除去交易成本，那么道指 3000 多点的净收益可能还会极大降低。

3. 这种方法表明最大的连续亏损次数是 10 次，我觉得这不可能。这种情况下，大多数的交易人都会惊慌失措，还没等取得几次盈利交易就血本无归了。

4. 虽然净收益是正的，但准确率太低，因此对大多数的交易人不适用。

面对这样低得可怜的成绩单，我很难想象所谓的专家认为值得把这种方法推荐给交易人和投资人。

图 5-2 是另一种流行的交易方法，收盘价穿过 200 日均线后上行或下行。只要你花点时间学过交易方法，或看过流行的商业电视节目，那就有可能听过专家宣扬 200 日均线的好处和（或）不利。只要瞄一眼图 5-2 就能让这种方法大打折扣，我也由此认为很多交易人对方法的过于迷信和投资过多，而这些方法连最基本的准确率测试都无法通过。

第5章 平均线日内交易

所有交易的摘要报告			
			2010年7月4日 14:01:06
名称：	道指dia 200日移动均线		
符号：	$DJIA		
资金过滤器：	关闭——允许所有买入		
采取下一次交易：	未采用资产过滤器		
总计			
总净利：	1643美元	获利因子(盈/亏美元)：	1.09
总交易数：	176	盈利比例：	23.3%
平均交易额：	9美元	盈余付出率(平均盈/亏)：	3.58
平均持仓时间：	85.80个分析周期	Z-Score(盈/亏可预测率)：	-0.1
平均交易手数/年	2.9	入场时间比：	97.4%
最大平仓亏损金额：	-10093美元	最大日内浮动亏损：	-10153美元
账户必要规模：	10153美元	收益比：	16.2%
开盘资金：	457美元	凯利公式最优值：	0.0185
Current Streak:	2次亏损	最优F值：	0.03
盈利交易		亏损交易	
盈利交易总次数：	41	亏损交易总次数：	135
总盈利：	20720美元	总亏损：	-19076美元
平均盈利：	505美元	平均亏损：	-141美元
最大单笔盈利：	4351美元	最大单笔亏损：	-649美元
最大浮动亏损：	-224美元	最大浮动盈利：	1100美元
平均浮动亏损：	-32美元	平均浮动盈利：	134美元
累计上涨平均金额：	903美元	累计上涨平均金额：	134美元
累计下跌平均金额：	-32美元	累计下跌平均金额：	-171美元
连续盈利最多次数：	3	连续亏损最多次数：	24
平均连续盈利次数：	1.32	平均连续衣柜里次数：	4.22
平均盈利持仓时间：	272.37个分析周期	平均亏损持仓时间：	29.01个分析周期

图5-2 1950年至2010年间道琼斯工业平均数200日均线交叉时的交易结果

显然，结果显示出的准确率很低，而且连续亏钱的次数却很惊人——24次。专家们怎么还能再把这么显然无效的方法拿出来兜售，还坚信不已，甘心为其付出血汗钱，这种情况一直让我难过。这种方法的拥护者也许会反驳说是因为没有考虑到止损，既然在测试时没有进行止损，也就是说，作为反转系统，其所表现的是200日均线交易的最坏情况。幸好借助电脑，我们还能加入止损后测试一下这种方法。图5-3中用的方法相同，但为了显示损失，加入了6%的止损点，就有了这个200日均线相交上行或下行的交易结果。

所有交易的摘要报告			
			2010年7月4日 14:06:46
名称：	道指dia 200日移动均线		
符号：	$DJIA		
资金过滤器：	关闭—允许所有买入		
采取下一次交易：	未采用资产过滤器		
总计			
总净利：	1728美元	获利因子(盈/亏美元)：	1.09
总交易数：	176	盈利比例：	23.3%
平均交易额：	10美元	盈亏付出率(平均盈/亏)：	3.6
平均持仓时间：	84.72个分析周期	Z-Score (盈/亏可预测率)：	-0.1
平均交易手数/年	2.9	入场时间比：	96.3%
最大平仓亏损金额：	-10262美元	最大日内浮动亏损：	-10322美元
账户必要规模：	10322美元	收益比：	17.3%
开盘资金：	467美元	凯利公式最优值：	0.0200
Current Streak：	2.1次亏损	最优F值：	0.03
盈利交易		亏损交易	
盈利交易总次数：	41	亏损交易总次数：	135
总盈利：	20720美元	总亏损：	-18938美元
平均盈利：	505美元	平均亏损：	-140美元
最大单笔盈利：	4351美元	最大单笔亏损：	-668美元
最大浮动亏损：	-224美元	最大浮动盈利：	1100美元
平均浮动亏损：	-32美元	平均浮动盈利：	133美元
累计上涨平均金额：	903美元	累计上涨平均金额：	133美元
累计下跌平均金额：	-32美元	累计下跌平均金额：	-166美元
连续盈利最多次数	3	连续亏损最多次数：	24
平均连续盈利次数：	1.32	平均连续衣柜里次数：	4.22
平均盈利持仓时间：	272.37个分析周期	平均亏损持仓时间：	27.73个分析周期

图5-3 1950年至2010年间道琼斯工业平均数200日均线交叉时的交易结果（止损点为入场价的6%）

图5-3的战绩也没好到哪去。200日均线的信徒可能会辩驳说，可能止损设得还不够高，无法体现这一系统的优势。那好，我们再到电脑上试一次，这回止损设高一点，测试结果如图5-4。

第 5 章 平均线日内交易

所有交易的摘要报告			
			2010 年 7 月 4 日 14:09:51
名称:		道指 dia 200 日移动均线	
符号:		$DJIA	
资金过滤器:		关闭——允许所有买入	
采取下一次交易:		未采用资产过滤器	
总计			
总净利:	1833 美元	获利因子(盈/亏美元):	1.09
总交易数:	176	盈利比例:	23.3%
平均交易额:	10 美元	盈余付出率(平均盈/亏):	3.61
平均持仓时间:	84.78 个分析周期	Z-Score (盈/亏可预测率):	-0.1
平均交易手数/年:	2.9	入场时间比:	96.3%
最大平仓亏损金额:	-10093 美元	最大日内浮动亏损:	-10153 美元
账户必要规模:	10153 美元	收益比:	18.0%
开盘资金:	467 美元	凯利公式最优值:	0.0206
Current Streak:	2.1 次亏损	最优F值:	0.03
盈利交易		亏损交易	
盈利交易总次数:	41	亏损交易总次数:	135
总盈利:	20720 美元	总亏损:	-18887 美元
平均盈利:	505 美元	平均亏损:	-140 美元
最大单笔盈利:	4351 美元	最大单笔亏损:	-649 美元
最大浮动亏损:	-224 美元	最大浮动盈利:	1100 美元
平均浮动亏损:	-32 美元	平均浮动盈利:	133 美元
累计上涨平均金额:	903 美元	累计上涨平均金额:	133 美元
累计下跌平均金额:	-32 美元	累计下跌平均金额:	-170 美元
连续盈利最多次数:	3	连续亏损最多次数:	24
平均连续盈利次数:	1.32	平均连续衣柜里次数:	4.22
平均盈利持仓时间:	272.37 个分析周期	平均亏损持仓时间:	27.81 个分析周期

图 5-4 1950 年至 2010 年间 200 日均线交叉测试(止损点为入场价的 10%)

这次的结果显然还是无法接受,因此不推荐日内交易人或任何拒绝低于 30% 交易准确率的交易人使用这种方法。

移动均线大显身手的前提是市场已经确定了趋势,一旦趋势尚未明晰或市场波动如锯齿时,移动均线则是败走麦城,一输再输。

移动均线的另一个局限在于,为了避免受到假转向的干扰,必须抛弃敏感性,不能见风就使舵。因此,要等着 MA 信号才能将现有持仓脱手，大量的利润就在这个过程中被吞了回去，这种现象并不少见。同理，加仓时也要迟迟等着趋势变化后，牺牲掉可观的潜在利润。

尽管有一些方法来大事化小，但问题仍然很严重。因为移动均线能很快计算出来，而且得出的信号非常精确（别把精确误认为是准确），所以短期交易和日内交易可以随手拿来用，但根据我的调查，其带来的利润微乎其微。

最终调查

我不建议在日内交易时，按照传统方式（即收盘价交叉）使用 MA 系统。虽然我认为移动均线的一些变形有很大的获利潜力，但绝大多数方法带来的利润还不够填补损失、缴纳佣金。方法不奏效就不要用。但是，在使用 MA 系统时，用最高价和最低价——而不是收盘价确定的支持线和阻力线作为趋势指标，再配合获利目标、止损、风险控制和利润最大化策略，的确有很好的获利潜力。

我用最高和最低价确定的移动均线，结合明确的形态和验证信号开发出了移动均线通道（MAC）方法，就可以上述所有要求，获得更好的效果。将这种改良版的移动均线应用于设立、启动和跟踪模型中，我的实践证明能为日内交易人带来好得多的成绩。第六章会讨论这种方法。

第6章 利用阻力线和支撑线进行日内交易：移动均线通道

利用支撑线、阻力线和市场趋势进行日内交易现在在日内交易人当中非常流行。这种方法也称为波段交易法，有赖于判断支撑线和阻力线的能力。顾名思义，支撑线和阻力线是在上涨趋势中出现下跌时支撑价格或是在下跌趋势中出现上涨时压制价格的具体价格区或价格线。上涨时，短期交易人和日内交易人会尽量在支撑区或支撑线买入；下跌时，短期交易人和日内交易人会尽量在阻力线或阻力区卖出。

这个想法颇有深意，如果执行恰当，就能够大赚一笔。无论市场分析和交易系统这么多年发展出多么复杂和深奥的方法，支撑线和阻力线的概念越传越广，并且久经考验，可以追溯到最初的交易书籍和概念里。所有的交易系统和方法都是褒贬不一。我们的目标就是要降低劣势、利用优势赚钱。各种方法中压倒一切的关键就是，要有一个理性客观的方法来确定支撑和阻力，交易时就有了明确和一致的标准。

如果无法确定支撑和阻力，就无法划定建仓和（或）清仓的精确水平或区域。因此，交易人和投资人最好能开发出有效的策略和技术方法，来计算和确定支撑和阻力线。

多年来，人们使用了大量的工具来进行判断，例如支撑和阻力趋势线、各种图形、江恩角度、比率回调、费氏数列、黄金分割数、点数图等等数不胜数。为了确定支撑和阻力，用过的方法不胜枚举，一些有时有效，其他的收效甚微。注意我说的有效就是指能带来利润。

自20世纪50年代以来，无论股票和期货市场上各种市场时机方法如何兴衰起伏，支撑和阻力水平这一观念久盛不衰，而且能够如此的理由很充分。实际情况非常简单，即如果计算正确而且依据原则执行，这一观念就有效果。本章我会介绍我对支撑和阻力的想法，并举例说明这些想法与日内交易人和移动均线通道都有关系。

如果日内交易人能运用支撑和阻力线，就等于夺得了先机，因为在闭市时，交易人就退出了。因此，根据支撑和阻力所作的糟糕决定或持仓不会让交易人担惊受怕，前提是日内交易人做好自己该做的——在闭市时退出交易。如前所述，日内交易最大的一个优势就是在闭市时强制清仓。否则就不叫日内交易，当然也要承受错过最佳退出价格或时间的后果。

日内交易人与头寸交易人确定支撑和阻力水平的方法有所不同，因为日内交易人的支撑和阻力水平必须比长期交易人或头寸交易人的支撑阻力水平更接近当前市场价格。市场下跌只限于一天（尽管现在看起来无法实现），因此日内交易人预计的支撑和阻力水平要更现实些，这并不是说日内交易人必须"紧追市场"，而是说日内交易人必须主动利用实用的支撑和阻力技术来建仓。

上面说过，为了开发出尽可能精确的确定支撑和阻力水平的方法，人们进行了多次尝试。如果说有多少交易人就有多少技术，我也不会吃惊。

我已经开发出一种方法，已经表明极具价值，并且非常具体。我把这种方法称为移动均线通道（MAC）。虽然这种方法原来用于头寸交易和长期投资，但我发现将其用于日内交易也同样非常有效。如果你看过

第6章 利用阻力线和支撑线进行日内交易：移动均线通道

我以前写的日内交易书籍，就已经熟悉了这种方法。如果还不了解，那我就在这里详细说明一下。要注意，我已经根据交易电子化和指令执行实时性和有胜从前的更有效性，在这种方法的程序和说明上做了很多重大更改。注意，我在此处的有效是指，使用恰当的下单程序，指令按照指定价格的执行更加频繁。从长期和短期来看，这就意味着能极大地降低延误数量，因此也就能赚到更多的钱。

移动均线通道综述

理查德·唐奇安是第一个开发这些技术的交易人。我借助于他20世纪50年代开创的一些概念，但抛弃了移动均线利用收盘价的传统用法。在第5章我说过，根据我的研究表明，移动均线交易信号的传统方法不仅毫无油水可赚，而且错的离谱。我对移动均线通道进行了广泛的调查，这里的移动均线通道包含了最高价的移动均线和最低价的移动均线。我没有关注收盘价，而是认为支撑和阻力应该由最高价和最低价共同决定，因为最高价和最低价显然更贴近支撑和阻力的观念。

就技术层面说，阻力往往位于前期最高价附近，支撑往往位于前期最低价附近。因此我认为，不应该从收盘价移动均线寻求支撑和阻力，更好的办法可能就是利用最低价和最高价移动均线分别确定支持和阻力。有了这个发现之后，我又投入了几年的时间进行完善，之后再花了几年时间坚持使用。

MAC方法利用最高价运动均线和最低价移动均线确定建立点；利用移动均线57威廉姆斯累积/派发指标（威廉AD或WAD）确定启动点。WAD是一个价格变化指数，指今天的最高价、最低价或昨天的收盘价与今天的收盘价之间的最大价格差。WAD由著名交易人拉里·威廉姆斯所创，并据其命名。网上有大量资料介绍 WAD 的算法。

WAD 和其 57 个移动均线可以作为建立点或启动点，MAC 也能作为建立点或启动点。图 6-1 的示例就是小型标普期货 30 分钟图的 MAC。

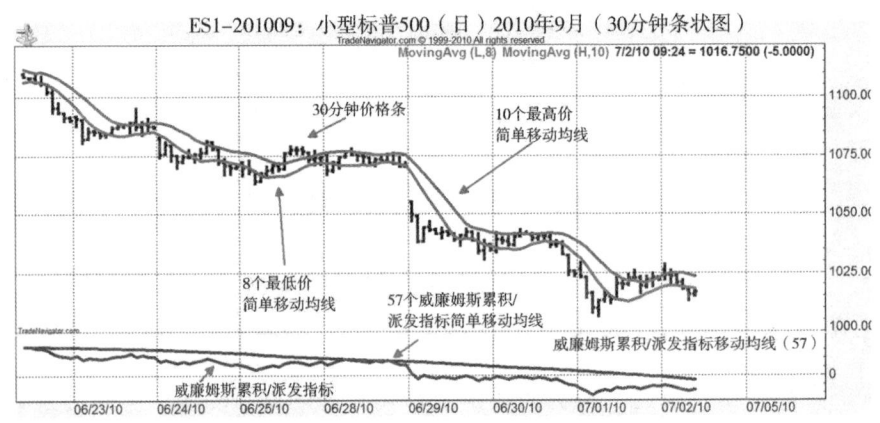

图 6-1 小型标普期货 30 分钟图，显示了威廉姆斯累积/派发指标的最高价和最低价移动均线渠道和其移动均线

如图 6-1 所示，移动均线通道表现了一些独特特征：

1. 价格趋势上行时，MAC 往往发挥支撑作用。换句话说，价格下跌至通道的下部时，最低价的移动均线（MAL）往往发挥支撑作用。

2. 如果价格趋势下行，MAC 往往发挥阻力作用。在下跌趋势中，价格上涨至通道顶部时，最高价的移动均线（MAH）往往发挥阻力作用。

3. 如果价格条完全冒头，突破了通道的顶部，则价格趋势牛气冲天。

4. 如果价格条完全跌破通道底部，价格趋势则一蹶不振。

图 6-2 和 6-3 进一步举例说明了最高价和最低价 MAC 与价格的关

第6章 利用阻力线和支撑线进行日内交易：移动均线通道

系。我已经标明了相应的支撑和阻力水平。

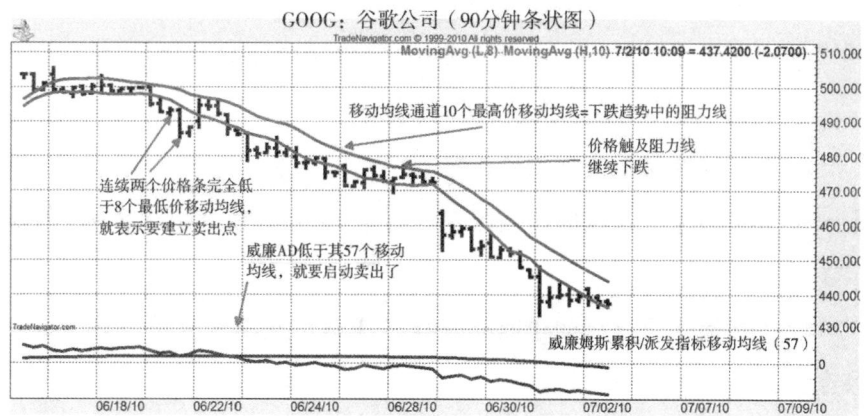

图 6-2 谷歌的 90 分钟图，包含了 10 个最高价的移动均线通道、8 个最低价移动均线通道、威廉姆斯累积/派发指标移动均线和其移动均线，以及卖出建立点、卖出启动点和阻力线

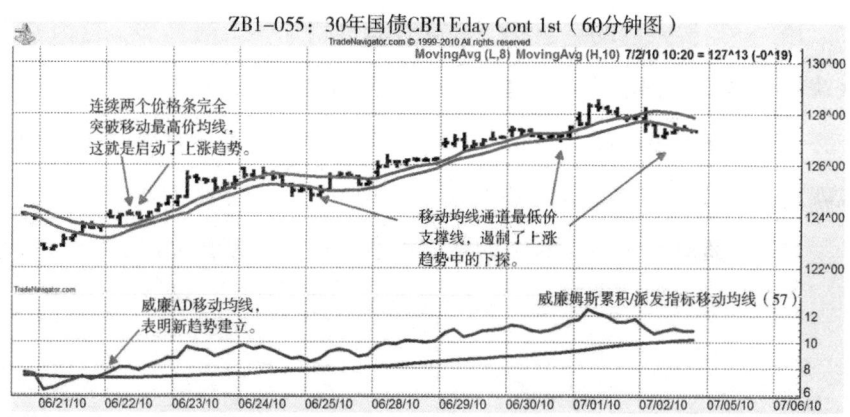

图 6-3 30 年国债期货 60 分钟图，包含 10 个最高价的移动均线通道、8 个最低价的移动均线通道、威廉姆斯累积/派发指标移动均线和其移动均线，以及卖出建立点、卖出启动点和阻力线

但是只有在趋势反转上行时，才能确定支撑和阻力水平。也就是说，要慎重使用建立、启动和跟进交易模型，因为该模型既要确定建立，又要确定启动。稍后我再讨论这些内容。

以下再复习一下使用 MAC 方法的程序和规则。

1. 利用 10 个最高价格的简单移动均线。

2. 利用 8 个最低价格的简单移动均线。

3. 如果有两个连续的价格条完全高于 10 个最高价移动均线，就表示建立买入点。

4. 如果有两个连续的价格条完全低于最低价 8 个移动均线，就可以建立卖出点。

5. 建立买入点必须经过高于 57 个移动均线的威廉 AD 验证或启动。

6. 建立卖出点必须经过低于 57 个移动均线的威廉 AD 验证。

7. 首先出现的要么是两线形态要么是威廉姆斯形态。

8. 无论哪个先出现，都是建立信号。

9. 无论哪个后出现，都是启动信号。

10. 一旦买入启动点出现，就可认为价格处于上涨趋势，日内交易人就能在最低价移动均线通道时买入，其当前相当于支撑线。

11. 一旦卖出启动点出现，就可认为价格处于下跌趋势，日内交易人就能在最高价移动均线通道时卖出，其当前相当于阻力线。

12. 给通道在日内交易中的用途很多，后面几段会讲到。

利用 MAC 进行日内交易的详细步骤

通道的作用在于，一旦启动点表明价格方向发生改变，就能用其确定支撑和阻力的准确区域。在上涨趋势中，日内交易人当价格进入上涨区或水平时会考虑买入；而在下跌趋势中，当价格进入阻力区或水平时

第 6 章　利用阻力线和支撑线进行日内交易：移动均线通道

会考虑卖出。关键就是要确切知道：

1. 趋势
2. 最后的信号（买入还是卖出）
3. 支撑和阻力水平

确定趋势、支撑线和阻力线

要想在日内交易中使用 MAC 技术，要用到如下的方法：确定市场处于上涨还是下跌趋势。判断依据如下：在市场开盘后或开盘时，如果市场出现两个连续价格条完全高于渠道顶部（即高于最高价移动均线），而且威廉 AD 位于其移动均线上，那么就可认为市场是上行趋势（见图 6-1、6-2 和 6-3）。

激进的交易人如果不想在支撑线买入，则可以在出发点形成时快速买入；但这一招附带的风险更大，因为多头往往会在较高价格进入，而不是在 MAC 支撑线上买多。一旦这样的买入或卖出被启动，大众就会倾向或偏爱最后一个启动点的指向。

可以根据波动和价格摆动，使用 10 分钟图或 20 分钟图，这取决于交易市场的类型或交易积极性的大小。在小型标普期货市场，价格变化频繁，而且价格变动大时交易量也非常高，就可以在短时帧内交易。记住，交易的时帧越短，用这种波动交易方法所获得的获利潜力越小。

利用 MAC 进行日内交易：几个分步说明的例子

我们现在来看看本章中介绍的分步过程和说明。我会讨论图 6-4 中显示的每一个标号。在点 1，威廉姆斯累积/派发指标移动均线与 57

个线的移动均线交叉上行，这就构成了买入建立点。大约在同时，两个连续的价格条在点 2 突破了最高价移动均线通道，这就验证了新上行趋势的开始。

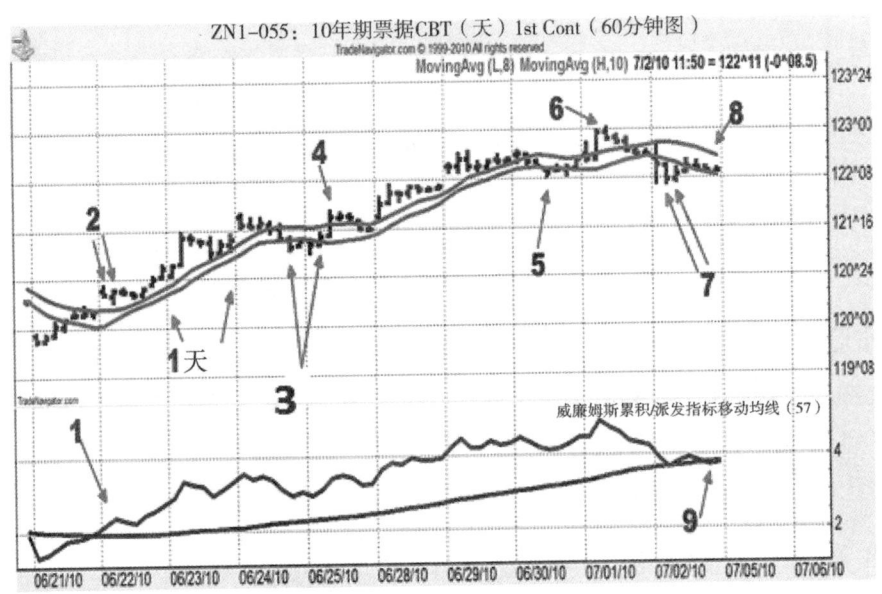

图 6-4　10 年期国债票据期货一天内的 60 分钟价格条状图，显示了买入建立点、买入启动点和波段交易

注意，紧随买入启动点之后，连续的大量价格条冲破了移动均线通道的顶部，这虽然不是完全客观的指标，但往往意味着上行继续（如果是价格条跌至移动均线通道的最低价移动均线，就意味着下跌趋势继续。）

在点 3，价格下行至移动均线通道的最低价，这时就可以发出限价买入指令。鉴于这张图显示的是 60 分钟价格，交易会赶在 2010 年 6 月 24 日闭市时结束。这段时间不足以获利退出，因此，交易会在第二天，即 2010 年 6 月 25 日平盘收场。价格再次位于或低于移动均线通道的最低价，因此在通道底部买入指令将会实现。在点 4，价格触及通道顶

第6章　利用阻力线和支撑线进行日内交易：移动均线通道

部，清盘退出。当天再无交易进行。在点5之前，波段交易无法从通道底部获得任何出手机会。

点5时触及通道底部，而且价格一路走到闭市时，触及通道顶部，这时又可以清盘获利了。点6，价格突破通道顶部，但入市机会要等到当天晚市或第二天一早，即点7。点7也是连续两个完全低于移动均线通道底部的价格条，威廉AD最终在点9时跌破移动均线。这就是下跌趋势的起点，阻力线和卖出点出现在点8。

现在回过头来看看最初信号点2和验证信号点1。从这里一直观察到点7和点8，这八天里，价格大部分时间保持上涨趋势，价格变化大约是3000美元。短期交易人能否利用这个信号交易一直持仓而不是在日内抛出？绝对能，但别忘了，这本书讲的是日内交易，因此尽管短期交易程序合理有效，但不是我们讨论的主题。

显然，从小时图上几乎看不出日内交易人有什么机会，往往是两天之内才能有一次机会。因此，如果是要在一天内进行更加活跃的交易，最好是用更短的时间图。但，关键因素是在何种市场交易和用多长时间帧。只要注意了通道的宽度，这两个问题都很容易解决。注意在缩短时间帧长度时，例如从60分钟减到30分钟、10分钟、5分钟，移动均线通道的宽度也随之变小；通道越小，获利潜力越低。

因此从实务角度说，通道的宽度必须足够，才能让你付得起佣金、能获取利润。只有根据交易成本，才能决定交易的通道宽度。还要记住，通道宽度和获利潜力要结合持仓量考虑。例如，如果在长期国债期货的两个基点波动（大约64美元）上能够获利，而且可以持续进行，那么就能通过大仓位交易增加盈利。如果能抓住每次两个基点的六次国债波动，假设每份合约的交易成本是10美元，那每次成本就是20美元，这样就有大约44美元的利润。假设每次两个基点获利44美元，六次获利，回报可不小，说明你日内交易事业的收获不错。我认为这样的实用想法可能太让人激动，但实际上这是日内交易非常必要和真实的一面。重要的不仅是获利，而且还要考虑交易成本。

现在来说说与交易市场相关的持仓量问题。每天交易量相对少的一只股票，如果要在限价单上限制成功进入和退出的能力，那么10000股就可能足够多。因此，交易量越大，市场上的流动性就越大。幸好我们能客观决定哪些市场活跃，从而能应付充足的持仓量。

最后，持仓量的问题是也是很至关重要的，因为无数交易人加仓太快，最终持仓量太大，所有利润被还了回去。知道何时加仓很重要。持仓量（即期货合约数和股票数）必须考虑账户大小、市场表现和风险承担能力。跟踪利润最大化策略会提供更具体的方法。现在回到目前的话题，研究另一个交易系列，这次是小型标普期货（见图6-5）。

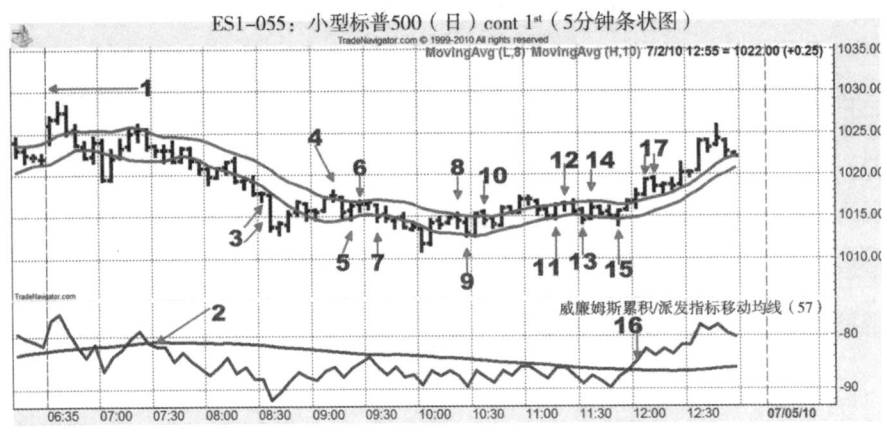

图6-5 小型标普期货的5分钟图，MAC方法分步交易

我们来研究一下小型标普期货五分钟图上用MAC方法交易的条状图记录。首先我先解释一下用5分钟图的原因，因为长期困扰日内交易人的问题之一就是应该用多长时间段的图。我说过，图的时间段应该考虑移动均线通道的宽度，就是应该考虑除过交易成本能用于波段交易的资金量。在图6-5的例子中，通道宽度对比交易成本，足以进行波段

第6章 利用阻力线和支撑线进行日内交易：移动均线通道

交易盈利。

图 6-5 的点 1 开始当天交易。点 2 时，威廉姆斯累积/派发指标移动均线跌破移动均线，这就是卖出建立点信号。点 3 时两个连续价格条跌破移动均线通道的底部，这是卖出启动点。保守的办法是等到价格达到通道的顶部，也就是点 4。大概 10 分钟后价格跌至移动均线通道最低价线，空头会在点 6 平仓。价格后再次回到通道顶部时，空头就可再次行动。10 分钟内再次下跌，到达点 7，空头可平仓。

在继续进行之前，我们先来弄明白一个可能误解的问题，就是应该在什么价格水平开始交易。只有到了给定价格条的末尾，我们才能知道移动均线通道最低价线和最高价线的最终价值，是否在下一个价格条买入就要用到这些价值。因此，如果当前的价格条表示移动均线通道的最低价格线在 1015.25，而且如果趋势上行，就会在当前价格条结束而下一个价格条开始时下单。

移动均线通道的低价值随着市场变化而变化。但只有完整的价格条才能决定是否在在一次价格条时下单。时刻记住，触及通道顶部的底部的完整价格条，不一定意味着指令在该价格条就应该能成交，订单应该在前一个价格条的最高价或最低价时发出。请对此点深入思考，要完全理解。

现在我们接下来看一个例子。在点 8，价格达到通道顶部，重新做空。注意观察，这时空头已经出现了第一个启动和建立点。我们就要再做空头，仅仅在平仓时才买入。点 10 表示另一个空头的开始，不过没有什么利润，在点 11 时平盘清仓。在点 12 再次做空，在点 13 清仓。点 14 再次做空，点 15 清仓。如果是限价单，就有可能没在点 14 成交。但如果在点 14 成交，就应该在点 15 清仓。

注意，如果信号当天很晚才出现，那要想根据这个信号盈利已为时晚矣。我的首要原则是，当天闭市前一小时内不做任何交易。

我们再来看一个在市场上利用这种方法的例子，这个例子可比前两个挑战性更大。说挑战性，我的意思是幅度非常窄（即通道宽度小），盈利潜力小，价格波动有限。在这种日子，急于"行动"的交易人会失去耐心，于此同时也就亏钱了。

我举这个和其他几个例子，不仅仅为了说明和演练，还要告诉你们不那么完美的例子。我们大多数人在绝佳条件下，都能一帆风顺，但如何处理不那么好的交易条件往往能区分出成功日内交易人和失败日内交易人。

上课时或书本里的例子都常常是光鲜亮丽。显然任何一种方法或技术都不能无往不利。每种方法和交易技巧当然有其局限性，但是想用任何有潜力的方法获取持续利益的核心是，持之以恒、选择合适的市场、选择合适的时帧，此外最重要还有利润最大化策略。

现在我们来看另一个 MAD 日交易方法，这次看的是小型标普期货一天的 10 分钟图（图 6-6）。我同样用数字标记了信号和这张图的确切观察点。点 1 威廉姆斯累积/派发指标移动均线跌破移动均线 57，这是卖出建立点信号。点 2 随即就验证了这一点——连续两个价格条完全低于移动均线通道的最低价线，这时就要确定第一个价格目标，空头进入，止损确定在启动点（点 2）上的移动均线通道的两倍宽度。

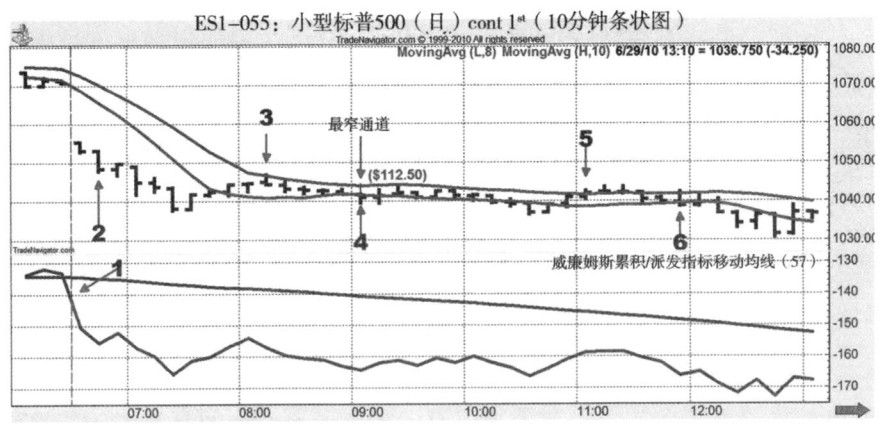

图 6-6 利用 MAC 方法交易的小型标普期货 10 分钟图，标注了时机信号

另一个操作是，既然趋势已经建立下跌，可以在点 3 买空，在点 4 退出。可以看到我标出了最窄的通道，宽度大约 112 美元，如果佣金较低，也是可以交易的。然后直到点 5 才出现了交易机会，价格再次触及通道顶部，可以买空，然后在点 6 退出。如果早在点 2 时就买空，那么在闭市时就要清盘退出（因为是日内交易，之前退出也行）。但是这个例子中，实现第一个获利目标后，可以对剩余仓位进行移动止损。最后要么移动止损退出，要么平盘退出。

虽然这一天本应该颇有斩获，但要考验大多数交易人的耐心，因为这天的交易幅度非常窄。如想避过这些天，但也要知道这样的交易日是最好的，因为提供了在支撑和阻力区正反波段操作的大量机会。

再来看一个例子（图 6-7）。

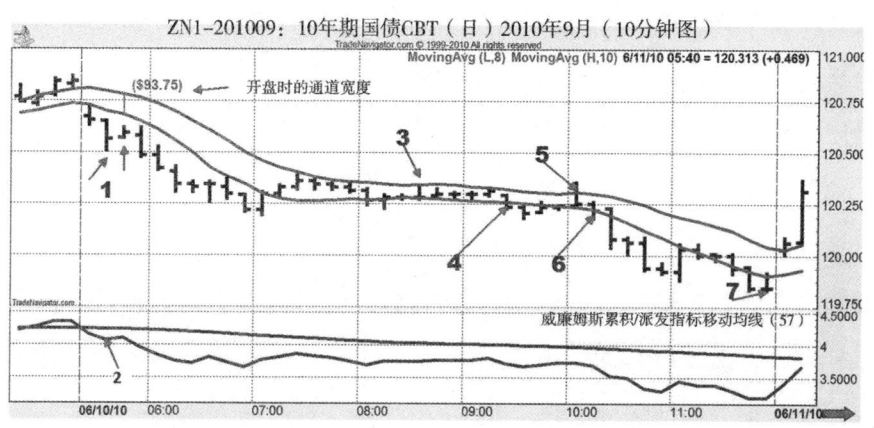

图 6-7 利用 MAC 方法交易的 10 年期国债期货一天内的 10 分钟图，标注了时机信号

图 6-7 是 10 年期短期国债期货的 10 分钟图，标注了 MAC 信号。点 1 时，两个连续的价格条跌破通道底部，表示下跌建立，威廉 AD 跌

破移动均线 57 也验证了这一点。波段操作买空的最早时机出现在点 3，通道顶部也是抛售时机。假设买空下单能在此时成交，在点 4 就应该抛出，点 5 又是一个波段操作的买空点，抛出在点 6。相比在点 6 留有部分仓位然后在点 7 闭市时清盘，利润最大化策略能够获得更多收益。

回头看看点 1 的最初卖出信号，在点 2 验证，利润目标很快就能在通道宽度增到两倍时实现，开盘时通道宽度大约是 93 美元。

我已经举例说明了利用我的 MAC 方法进行波段操作的用法，下面再研究一些现实问题，来应用或突破这种方法。

机遇：保守派和冒进派

前面几个例子说明冒进派在日内交易中会有较多机会，而保守派的机会却没那么多。显然，不管对冒进派还是保守派来说，机会的数量取决于通道的宽度（即通道包含的资金额）以及所用图的时帧。这与交易成本有关，交易成本是日内交易人面对的现实和永久问题。

再次重申之前提过的一个非常重要的问题：之前的例子中我认为大家在进入和退出时都用到了现价单。如果通过经纪人下单，就意味着佣金较高，或者要在交易平台上交易，就无法看到市场深度以及买卖盘。这样，就无法施展自如，收益就无法匹敌那些了解到这些宝贵信息的人。我来举个具体例子说明。

假设我建立了买入点，并在 1025.00 是买入。然后我进入到下单界面，从这里我能看到市场深度：在 1025.00 有 2467 个买盘，在 1025.25 只有 117 个买盘。我就会把订单下在 1025.25，因为这个点交易成功的可能要大于原来那个竞争较多的点。我更想成交，所以愿意放弃那个基点。这种买卖下单的技巧会随着经验增长。

无论是保守交易还是冒进交易，必须要等两个连续的价格条突破确定了趋势后。这一突破还要经过威廉姆斯累积/派发指标移动均线和移动均线加以验证。一天内交易的次数只取决于能力、资源和决定获利潜力的通道宽度。这两个策略——在信号建立后根据波段建仓或在根据第一个信号建仓，并不是势不两立，而是可以同时运用。这样的话，要确定根据相应的退出策略退出。

MAC方法中的利润最大化策略

现在讲讲我的利润最大化策略。作为交易人，我们能做的唯一最重要的事就是具备并使用利润最大策略了。闭市时，大额利润起决定性作用，而很多小收益只是用来填补小亏损的。老话说"80%的钱是20%的交易赚来的"，这句话可能在日内交易里再真实不过了。因此，我推荐如下的策略作为交易MAC时的不二之选。

以3为单位数来交易。如果交易股票，就以300股为单位；如果交易期货，以3份合约为单位。第一个三分之一仓位应该在实现利润目标时抛售；第二个三分之一应该是移动止损，在最大开放交易的75%抛出；剩余三分之一应该是平盘止损，即在买入价时抛出。如果出现反转信号、出现平衡或在闭市前最后一部分抛出。

几点提醒和建议

因为我刚介绍的MAC技巧是一种交易方法，而不是交易系统，所以必须知道要根据交易人的需要进行调整，并不是所有使用人的用法都一样。一旦开始使用这种技巧，你会自己调节，开发出自己独特的方法，最适合自己的目的。

实际上，这里介绍的技巧可能并不适用于所有交易人。你必须自己摸索，决定这是否是你需要的。如果你有意在日内小幅波动中、在确定的趋势中进行频繁交易，那我想这种技巧就是最好的。如果趋势在当日改变，你就要止损退出，然后反方向交易，前提是当日还剩余足够时间。

日内交易中使用 MAC 技巧类似于骑自行车。书本只能告诉你过程如何，之后你要采取行动，进行练习，还要承担风险才能学会。我在这一章讲的只是勾画了一种结合了科学和技术的技巧，但我尽量讲得具体。如果你是个一丝不苟的日内交易人，寻找各种机会想在支撑线买入、在阻力线卖出，我倒是知道一些能提供这些机会的方法，而 MAC 就是其中之一。我承认，会有些日子、甚至更长时间，这种方法不能给你带来机会，而且还会遭受损失。但是如果你坚持使用，你会发现利用通道，在趋势中有很多建仓机会，而且能腰包鼓鼓地退出。

MAC 完全是客观的吗

因为 MAC 通道技巧并非是完全机械性的，而且涉及到一定程度的判断能力，我强烈建议先熟悉一下，然后在实际使用，接着根据自己的特殊需要和交易风格进行打磨。

结合其他方法使用通道技巧

我在本书中介绍了其他一些日内交易方法，MAC 技巧非常容易与其结合使用。具体说，只要另一个交易系统或方法启动了买多或买空的进入点，通道技巧就非常有效。举个例子，假设两个跳空交易技巧的其中之一启动了买入，这时，就要根据通道的长期支撑线用 MAC 来买入。

MAC 评价

MAC 是判断支撑、阻力和趋势的最好方法，它的效用不仅能体现在日内数据上，而且能用在日数据、周数据和月数据上。但因为不是完全的机械方法，所以需要需要一点的判断。

我强烈建议先练习一下，然后再拿你的钱冒险。学着用用，用前研究一下程序或方法问题。最后别在任何让你承担太大资金风险和情绪压力的市场和时帧内使用 MAC 交易。

第7章　媒体日内交易

只要看流行商业电视节目的人都知道，这些节目有推高和拉低市场的能力。无论这些波动是在股市还是期货，有时是惊涛骇浪；但这些波动的潜在特性往往是风大浪急、顷刻无踪。这种快速波动都是日内交易的杰作。所有交易的关键是搞清楚是买是卖、何时买卖、如何获得最大利润、如何保持战绩。有没有办法让新闻为我所用？

想想今天现有最流行的商业电视频道。消费者新闻与商业频道（CNBC，原来叫FNN）的观众遍及全球。很多投资人和交易人一大早就看该节目里源源不断的开市预测、昨夜新闻和大量的专家意见。坐在镜头前的不仅有专家，评论员也成为频频出现的座上客，扮演着专家的角色。无论是否有专家的资格，人人都愿意对市场做一番评论，言之凿凿。言论自由，他们当然有权利各抒己见，但观众要聪明点，谨慎抉择。

根据媒体——无论是CNBC、彭博电视或其他广播、网络或电视节目——的建议采取行动之前，必须要考虑一些重要、而且也的确是关键的因素。另外节目里的建议也都不具体。也就是说，这些建议不会一一告诉你风险如何、利润目标几何、何时出手、仓位大小、或者是拥有多少资金和经验的人才最适合采取这些建议。电视上的典型免责样板文件让这些建议免受法律之扰。专家可能建议某种股票在 50 美元时买入，六个月后等到股票涨到 60 美元，专家又回到镜头前，俨然英雄在世。但仔细看看实际就知道，股票涨到 60 美元前，一度跌至 43 美元。看了前半部分节目的投资人可能在涨到 60 美元前，早都惊慌退出了。但尽管如此，专家看起来料事如神。

我曾受邀参加过 CNBC、彭博电视和《华尔街日报》的采访，很熟悉这些节目的内部运作。虽然他们竭尽全力要给观众提供有价值且可行的建议，但他们的建议大部分都不全面、不客观。他们都不愿越界——要是提供具体的建议，就会招致诉讼之祸，他们这么做可以理解。吉姆·克莱默可能算是最直言不讳的专家了，他比其他人更愿意提供具体内容。他所付出的努力、较为客观的规则和选股建议，当然值得称赞。即使如此，他的建议在风险和回报方面还是不够具体。

虽然有这些不足，我认为我们总有办法利用公众的反应，而且大家往往是对这些节目推荐的股票趋之若鹜。我认为应用一种交易模型（比如第 3 章中介绍的我创立的建立、启动和跟进 STF 方法）有所帮助，可以将促使股票波动的媒体和日内交易应用的可靠交易模型、风险管理计划、利润最大化策略联系起来。后者中的大部分往往是节目荐股后会出现的问题。我想先和大家重温一下我开发出来的这一程序，再举几个具体的交易实例，看看其执行效果，包括我自己根据这种方法操作的账户。我要先提醒一下，用这种方法进行日内交易要求快如闪电的速度、勤奋、实时价格数据，以及能够快速执行指令的下单平台。如果设备不完备或无法满足上述基本要求，就不适宜用做这种方法交易。

无论现在是否能实施在此讨论的交易方法，你都会觉得本章中的图例很有学术价值，甚至可能具有心理学价值，栩栩如生地刻画了投资大众的善变性和易感染性。我会举几个例子以及自己开发的如何利用媒体提供的推荐股的一些规则。这些例子是 CNBC 提供的,但方法适用于任何应者云集的商业电视。CNBC 现在拥有全球最多的观众,其中的专家建议有可能引起最多的响应人群。

在讨论我开发的方法之前,我还要解释一下,我之前解释过我对日内交易的"道德观"。也就是说,会有些人认为利用其他交易人或投资人的情绪反应是不道德的。别忘了,我们可不是激起情绪反应的人。可惜的是,有不少交易人和投资人感情用事,而经验不足、信息贫乏的交易人情急之下的决策就被专业交易人利用了。

典型的媒体交易场景

想象下面的景象:客座专家要出现在 CNBC,计划评论 EV3 公司这支股票。美国西部时间早上 6:36,专家接受参访,宣布了该公司的一些积极消息。该股票几乎应声而涨,满怀希望的投资人因为发布的正面消息,蜂拥而入,EV3 在接着的 10 分钟内急涨。实际上,买入热潮使股价从约 14 美元涨到 15.6 美元左右。最开始的热潮大幅推动股价,之后就风平浪静了,股票跌了至少涨幅的一半,然后开始窄幅震荡。

典型行为

虽然上面的场景不会每天在 CBNC 上演,但也时常出现,一周之内现身几次。如果遵循正确的程序,这些趋势非常值得一试。从上面的例子(实时交易案例)中,会看出来出现的波动既快又急。如何加以利用呢？我的程序是这样：首先我会先概括出一个步骤，然后再举几个这样的交易案例。记住，一个最重要的问题是必须要快。如果要给经纪人打电话下单进入和退出，那这个程序就不适合了。这个程序的前提是进行电子下单，而且电子下单平台速度很快，交易的联系迅捷。好了，现在来一步一步看看我的步骤。

进行媒体日内交易的步骤

CNBC即将采访嘉宾时，我先会记下嘉宾是谁。有些嘉宾不常露面，这点很好，因为他们推荐的股票不太频繁提及。如果嘉宾推荐很多股票，这些股票因为新意渐退，就失去了影响力，这不难理解。另一方面，一些嘉宾一个月才能看见一次，或甚至更少见，我认为他们的荐股就是市场的推动者。看了几个月节目，就能明确知道该注意哪位嘉宾。如果经常看节目，那对那些嘉宾都能如数家珍了。

如果某位嘉宾过去曾在股市呼风唤雨，我会特别注意他的言论。我的账户总是保持开放，时刻准备交易。我的下单窗口就等着股票信号出现，超过90%的情况下都会购买。因此，我的下单窗口都是买入状态，然后根据想买入的股数，事先填好了数字。我就等着买入了。

我还会把我的电脑软件图示程序打开，有助于我判断推荐的某只股票走势是否与所说相符。也就是说，假设专家建议购买股票XYZ，我会马上检查该只股票图表上的具体指标，看是否上涨。如果（根据我完全客观的指标判断）是上涨，那么我就点买入键按市价买入。注意，我并不是限价买入，而是按照市价买入，原因在于我预计股票会立即反应——上涨，我不想被落下。如果我使用的是快速交易平台，我的下单会即刻成交。一般情况下,接下来的 10 分钟(有时更长,有时更短)股票会大幅增长。我不可能预计出涨幅具体有多大。但涨幅很多时候都很大。

涨幅几乎是大于前一天的涨幅,而且很快实现。我在本书前面提过,日内交易人入市完全是机械性的过程,而退出市场则并未完全机械化。在我讲过验证时机的启动之后,我会给出这种程序的清仓原则。

现在来看一个具体事例。我以前提过图 7-1,也就是股票 EV3 的图。注意在 CNBC 的荐股后,上涨有多快,进一步强调了速度的重要性。看这张 5 分钟的图,也就是说,每一条价格条间隔 5 分钟。

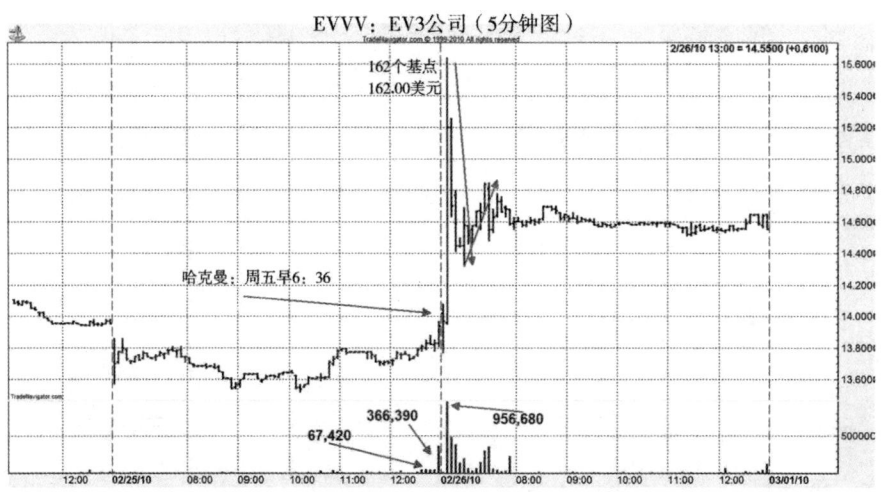

图 7-1　EV3 在 2010 年 2 月 26 日 CNBC 的新闻后,出现买入热潮

先把这张图放一边,我来说明另一个有趣的现象。我在这张图的底部标了数量条,来显示每 5 分钟的交易量。你会看到,在 2010 年 2 月 25 日接近闭市时,交易量有一个激增,当天最后几节表明交易量显著

增加。最后几个价格条之前的交易量特别低，而最后一个价格条冲到366000多股，远远超过这一整天其他时间的交易量。这是利好消息公布前的前一天。交易量在荐股前冲高，这一点有些意思，令人深思。我的确对此有我的理解，但我不会脱离数据臆断。现在回来谈示例。在这个案例中，荐股一发布，我就会检查我的股票图寻找信号，就是看两个具体的指标，本书之前提到过，即移动均线通道（MAC）的10个最高价、8个最低价和威廉姆斯累积/派发指标以及57个时期的移动均线（MA）。我会核实一下，看看股票根据这种方法分析是否处于上涨趋势。如果的确如此，我会立即下单。如果股票随趋势上涨（通常是在之后15分钟内），我就套现，如果使用了利润最大化策略，我会使用移动止损。

几个切实的例子完全按照这个程序操作。注意，我已经尽力详尽描述了这一方法，但我还有强调，清仓不完全是机械性的。这种方法使用越多，就越能懂得其多种妙用，这样也就越能获得更好的成效。切记，这完全是日内交易，目的仅在于快速交易，别无其他。现在再来看看其他例子。

2010年1月6日，一位专家在CNBC上推荐了Pep Boys（股票代码：PBY），使股票迅速从约8.72元上涨到8.96元左右，甚至在之后几天持续走高。图7-2是此次上涨在5天之内的一张30分钟图。虽然此次的即刻反应相当迅速，但涨幅颇小，也只持续了几个时间段，我趁机买入股票。尽管如此，我在买入这只股票前还是参考了每日图，即图7-3，图上还有我使用的之前讨论过的两个指标：移动均线通道10个最高点和8个最高点，以及57期移动均线的威廉姆斯累积/派发指标移动均线。

第7章 媒体日内交易

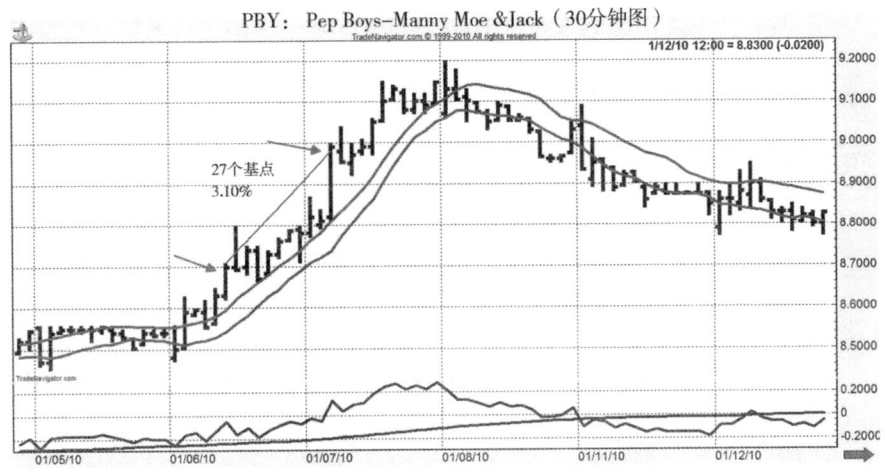

图7-2 Pep Boys 30分钟图，日内交易细节

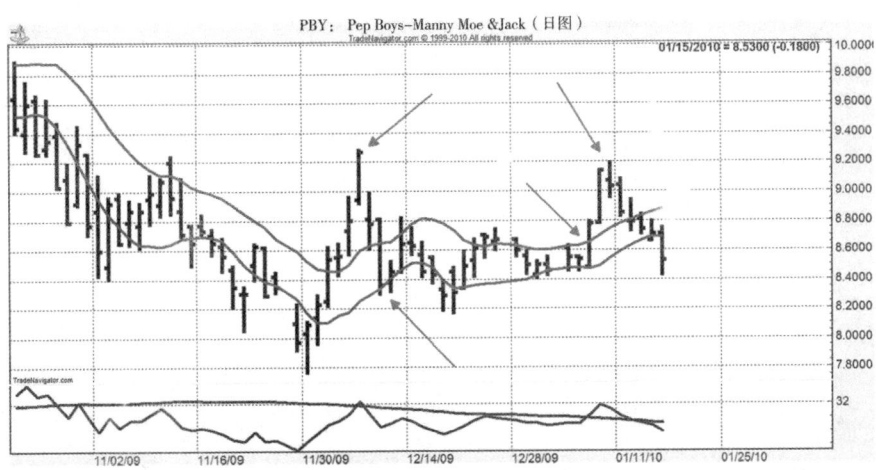

图7-3 Pep Boys 日图，两个价格条突破通道，且威廉姆斯累积/派发指标移动均线和其57移动均线验证了上升趋势，左边的两个箭头显示了建立点和通道最低支撑线的效果，而右边的两个箭头显示了因为CNBC推荐而出现的两天上涨，一旦两个连续的价格条突破了移动均线通道最高线和威廉AD，再突破至移动均线57之上，股价就坚定进入上涨趋势，而且一直持续上涨，借由此验证，我买入股票

图 7-4 是我 2010 年 1 月 6 日买入股票、并于 2010 年 1 月 7 日退出的情形。我们再来看另一个例子。

股票	代码	买入日	买入价	退出日	卖出价
美国银行	BAC	2009.12.3	15.67 美元	2010.1.5	16.06 美元
BIOCRYST PHARM S INC	BCRX	2010.1.6	7.39 美元	2010.1.3	7.70 美元
中国联通香港	CHU	2010.1.3	13.04 美元	2010.1.11	13.06 美元
艺电	ERTS	2010.1.12	16.37 美元	2010.1.13	17.13 美元
通用电气	GE	2010.1.7	16.39 美元	2010.1.13	16.35 美元
通用电气	GE	2010.1.12	16.75 美元	2010.1.13	16.35 美元
NOVAGOLD RES INC NEW	NG	2009.12.29	6.12 美元	2010.1.4	6.31 美元
PEP BOYS MANNY MOE & JAC	PBY	2010.1.6	3.63 美元	2010.1.7	3.96 美元
PEP BOYS MANNY MOE & JAC	PBY	2010.1.6	3.69 美元	2010.1.7	3.96 美元
PEP BOYS MANNY MOE & JAC	PBY	2010.1.6	3.7 美元	2010.1.7	3.96 美元

图 7-4 我的账户证实了屏幕上 Pep Boys 的交易情况，在日内交易时开始，而且延续到下一个交易期（此例少见）

2010 年 1 月 14 日，有专家在 CNBC 上推荐了德事隆集团（股票代码：TXT），在短期内引起大幅上涨。根据我的程序，首先要检查趋势的每日价格图。图 7-5 表示 TXT 的每日图，标出了之前讨论的两个指标。图上显示，两个连续的价格条突破移动均线通道最高线，而且威廉姆斯累积/派发指标移动均线突破了 57 期的移动均线。图 7-6 是 10 分钟 TXT 图。

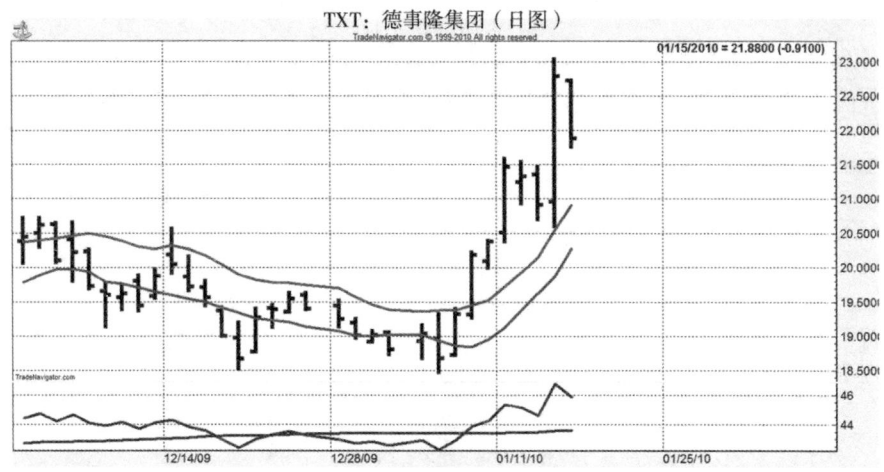

图 7-5　德事隆集团的日图，显示威廉姆斯累积/派发指标移动均线突破期移动均线，而且两个连续的价格条突破了移动均线通道的顶部，验证了上升趋势

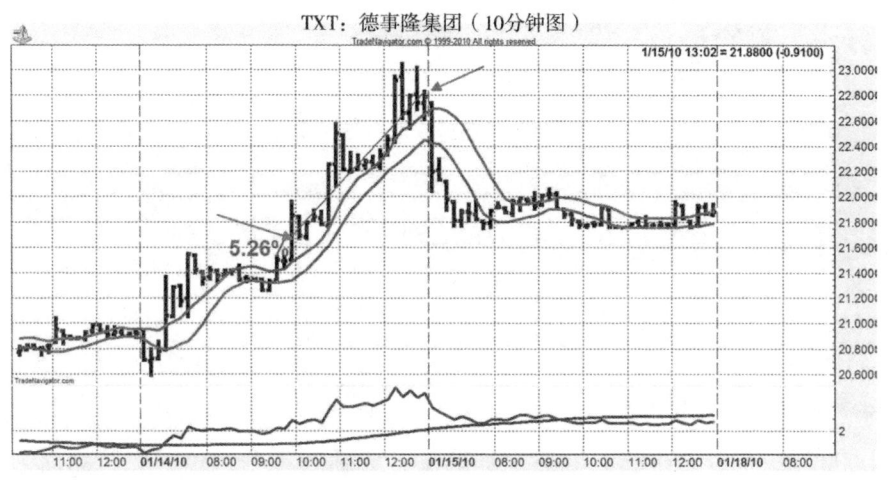

图 7-6　德事隆集团日内交易图，表明 CNBC 荐股后价格上涨

现在再看一个例子。2010年3月11日，Ashford Hospitality Trust（股票代码：AHT）受到 CNBC 嘉宾推荐买入。按照我的程序，我检查了每日价格图，根据指标判断这只股票是否位于上升趋势。图 7-7 是我的指标和图标，明确显示 2010 年 2 月开始的上涨趋势（见箭头）。

因此，趋势通过测试，交易前景看好。图 7-8 是随后发生的情况，可以看到 AHT 随荐股后短期猛涨了近 5%。显然，因为 CNBC 的推荐和我的定时启动和过滤，这是另一个日内交易的机会。

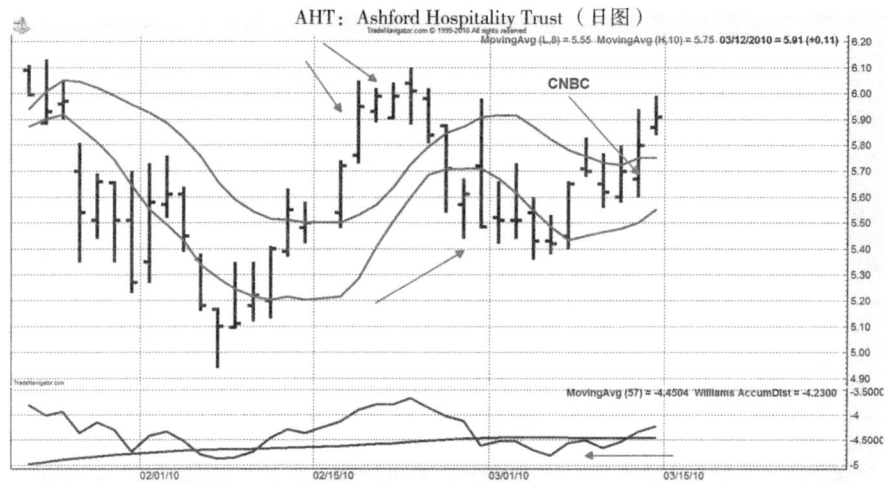

图 7-7　AHT2010 年 2 月进入上涨趋势，两个连续的价格条突破移动均线通道，而且威廉姆斯累积/派发指标移动均线突破期移动均线，而趋势一开始指标就显示下跌状态，因此，CNBC 推荐买入时，我就知道日内交易可以放心买入

图 7-9 是我进入和退出价格的下单屏幕。要承认，这个涨幅较小，如果仓位小的话根本不会有什么大收益。但鉴于不管是交易 100 股还是 10000 股，佣金都一样，仓位增加的话，边际成本会降低，而获利潜力会增大。

第 7 章 媒体日内交易

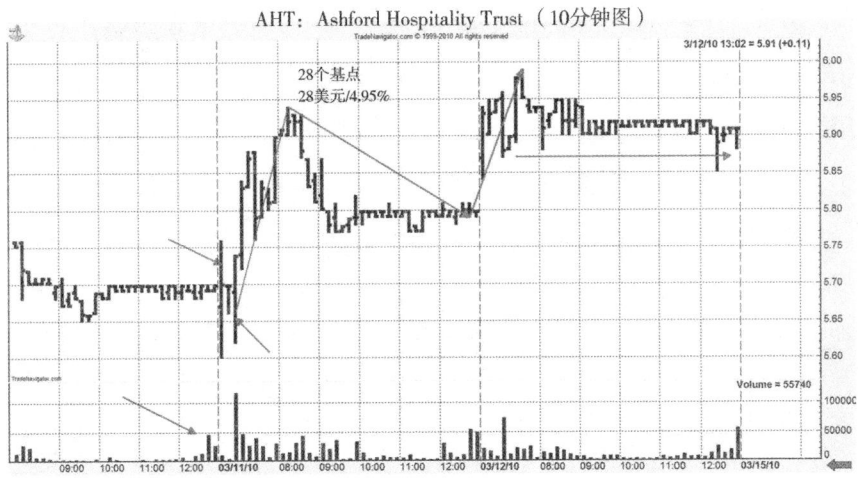

图 7-8　CNBC 荐股后的 AHT 的日内交易行为

代码		买入				卖出		
	数量	日期	价格	净数量	指令	日期	价格	
AHT		2010.3.11	5.6994		卖出	2010.3.11	5.87	
AHT		2010.3.11	5.70		卖出	2010.3.11	5.87	
CSR		2010.1.8	8.3433		卖出	2010.1.8	8.6	

图 7-9　我 2010 年 3 月 11 日买卖 AHT 的情况

　　图上明确显示股价在荐股后走高，然后就是约涨幅 50% 的回调，第二天再次上涨。我在此讨论的方法并不考虑第二天的情况，也不考虑当天退出后的时间。我很少为了获得更大的收益持股过夜。

还有一个例子，2010年1月22日，CNBC专家推荐买入阿索尔达制药公司（Acorda Therapeutics）（股票代码：ACOR）。按照我在本章开头讲的程序，我马上查了日图（图7-10），图上显示2009年11月的启动点明确、微小，箭头指明了对移动均线通道支撑的多次试探。图7-11是CNBC发布利多消息后，日内走势爆炸性发展。

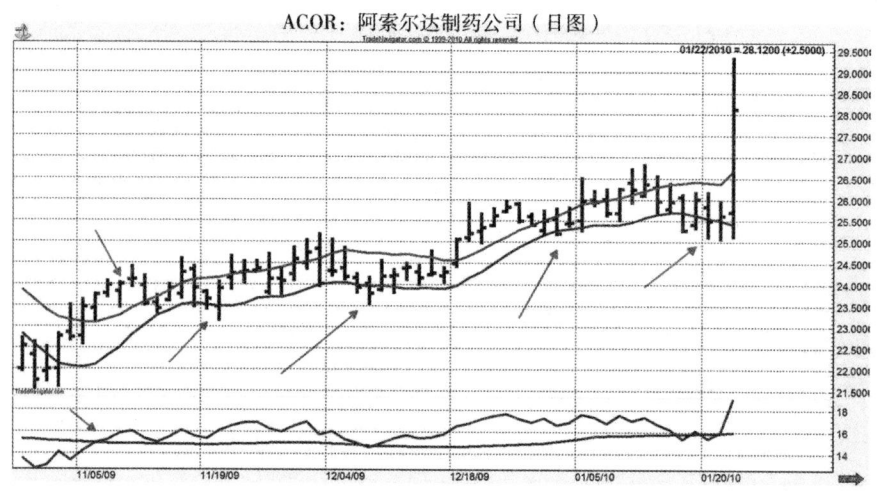

图7-10　专家在CNBC上推荐买入后，ACOR当日确定进入上行趋势，涨幅颇大

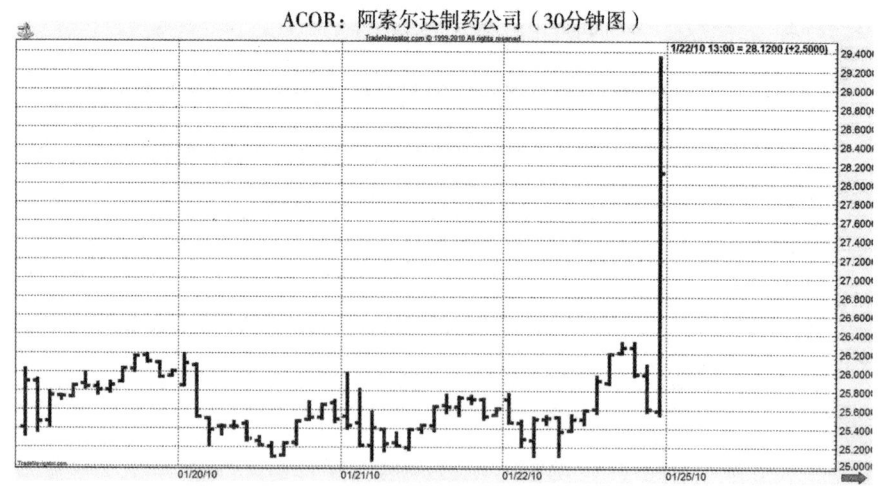

图7-11　CNBC积极推荐后，ACOR爆炸式上行

再看一个利用媒体进行日内交易的图。2010年2月18日，不太在 CNBC 露面的詹姆斯·阿图切（James Altucher）在西部时间 11：46 推荐买入 Casella Waste Systems（股票代码：CWST）。图 7-12 显示了 CWST 的日内价格图。图 7-13 是结果。一眼就能看出，我介绍的过程表明有利可图，而且机会很大。

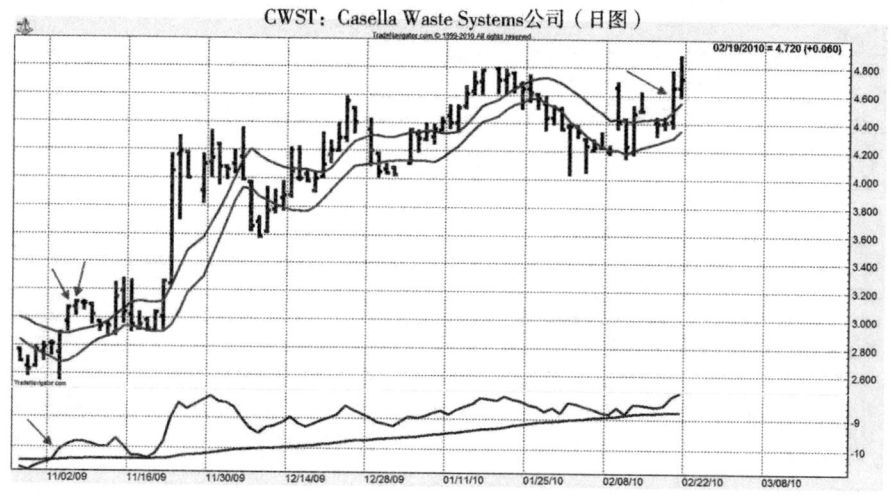

图 7-12　CWST 日图，根据 MAC 和验证（箭头所指）显示上涨趋势

还有一个例子。尽管我的 MAC 过滤方法没那么百发百中，但抓着日内交易的股票不放，就可能存在危险。图 7-14 是吉姆·克莱默在 CNBC 上推荐 Merit Medical Systems（股票代码：MMSI）后的交易情况。

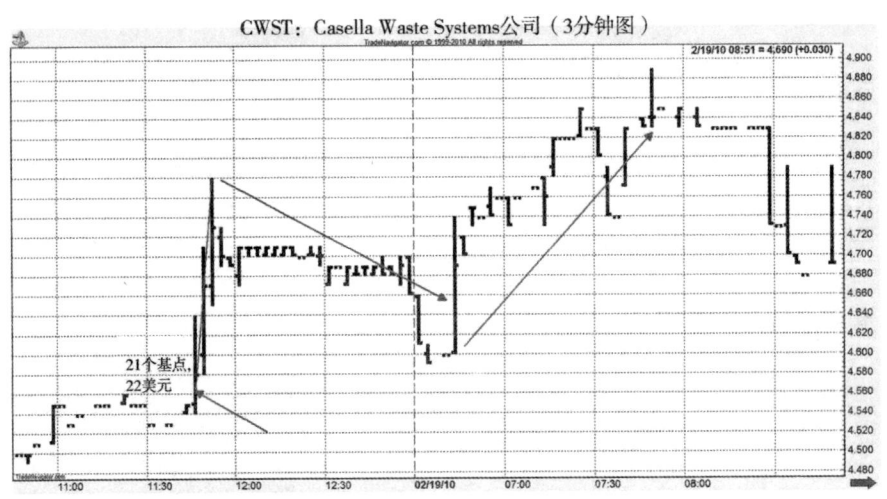

图 7-13 CWST 日图,根据 MAC 和验证(箭头所指)显示上涨趋势

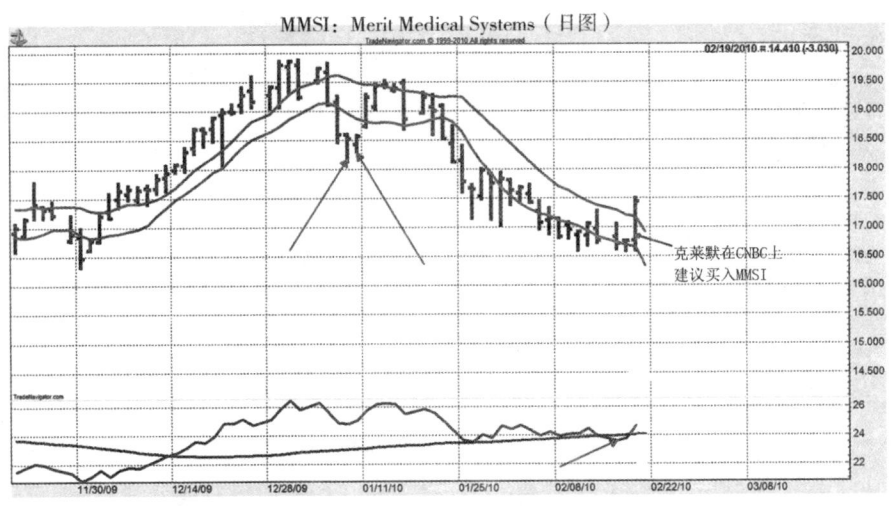

图 7-14 克莱默在 CNBC 上建议购买 MMSI,而根据我的 MAC 方法,走势是下行

图 7-14 显示,MAC 指标利空,我偏向于不交易这只股票。但事后看起来,这可不是个明智之举,我错失一个短平快,丢了一笔绝好的利润(见图 7-15)。

第 7 章　媒体日内交易

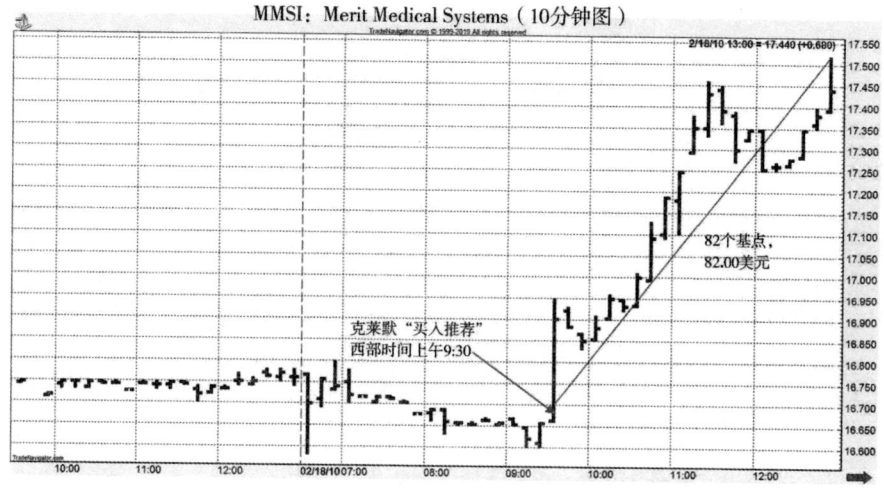

图 7-15　克莱默建议购买 MMSI 的效果

想想那些根据荐股买入股票的投资人和/或买入股票而未来得及在闭市时有所收获的日内交易人的困境。为什么我要说困境？看看图 7-16 显示的第二天的情况明白了。虽然我没有买入，没能抽身的日内交易人或根据根据荐股买入而在闭市时自鸣得意的投资人，第二天可笑不起来了。

总之，本章的内容可能对一些交易人来说只一个独特的日内交易方法，因为利用了新闻和媒体。但要对这种方法要持之以恒，而且不能意气用事。如果使用我的建立和启动方法，这个程序就有点机械化，而且非常稳定。一呼百应的 CNBC 或其他媒体的荐股，需要两个指标来核实。如果指标显示趋势客观显示是向上，那么就可以启动买入。

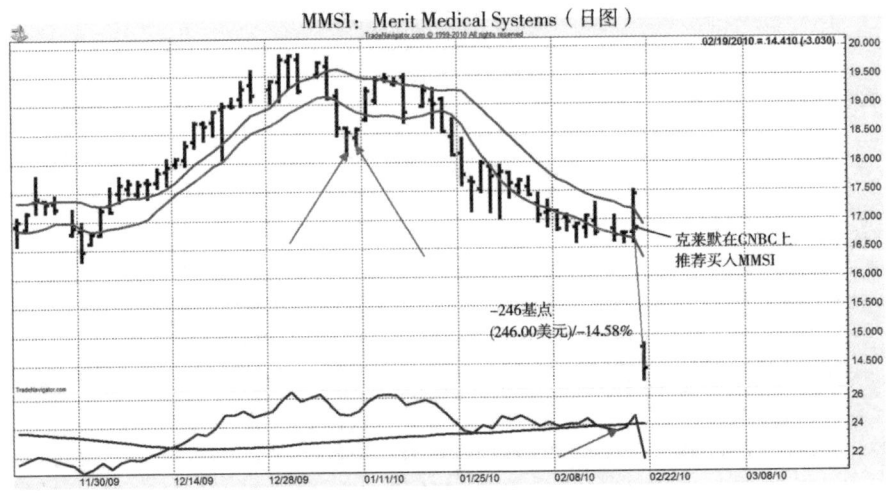

图7-16 克莱默在CNBC建议买入第二天，MMSI急挫14.5%

详解退出策略

从上面举出的例子和过程可以看出，媒体日内交易（据我所称）利用了媒体荐股带来的速决战。我从CNBC选的这几个例子，都是非常显而易见而且非常常见的。我之前也说过日内交易的退出策略不像入市策略那么机械化。媒体日内交易的退出策略建议如下：

1. 对荐股的反应大多数都是快速的。我这样说是指荐股通常会在几分钟内走高，更多是在几秒内。

2. 因此，退出也要迅速，我退出的时间很多时候也就是我下单的那么几分钟时间。

3. 我建议用上述三步程序的逐步退出策略。

4. 如果上行反应在（通常情况下）5分钟内没有出现，那就有可能是专家荐股不会有利可图，最好立即清仓走人。

5. 上行反应常常会持续一整天，甚至可能持续到第二天。时刻记住,这是日内交易,必须在闭市前离场。

6. 分步交易有一个显著的优势,就是能够用多种退出策略灵活退出。这些可能已将讲过了,但后面的章节还会讲到。

除了上述我在本章讲的程序问题,还有一个教训要吸取:将多种建立方法和启动方法结合,找到一种客观的方法,将情绪排除在决策过程之外。为了要成为日内交易的常胜将军,就需要尽可能明确具体的进入操作程序。只有这样,才能剔除大部分情感成分,减少损失,扩大利润。

第8章 利用动量和 MACD 做日内交易

何谓动量

动量是个非常简单的指标，容易计算。要注意，动量（MOM）和变动率（ROC）实际上就是一个指标，只是算数运算不同。为了计算1天的动量（MOM），只需要从昨日价减去今日价就行，两者之差就是1天的 MOM。因此，如果今天的价格是 77 美元，昨天的价格是 78 美元，一天的动量就是-1；如果今日价是 77 美元，而且昨日价是 75 美元，今天的 1 天动量就是+2。

如上段所讲，1 天动量的计算非常简单，就是简单的基本算数。计算两天动量，就从今日价中减去两天前的价格即可。计算三天动量、四天动量和五天动量以此类推。

动量是一个比率变化指标，提供了趋势力量。如果动量急速向下，就表示价格飞速下行，幅度很大。如果动量上行迅速，表示市场牛气冲天。

应用一些简单规则，动量就可以作为交易指标。动量和价格往往一起行动；也就是说，价格和动量的正常关系就是齐头并进，而且是同时达到最高点，同时达到最低点。两者大多数情况下形影相随，至少应该是形影相随。

动量和价格的关系稍后再讲，动量在交易上的一些典型或普遍用法会讲到。我会展示动量的一些最有效用法。虽然如此，这些只是应用方法，而非系统。我认为这些用法很有潜力，但也要加以练习。图 8-1 是一张动量股票图。

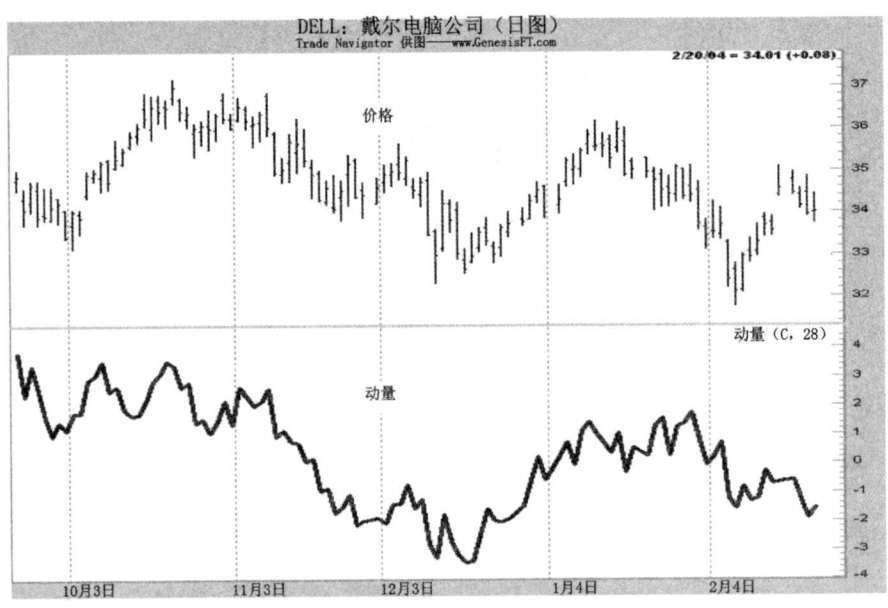

图 8-1 股价图，显示每日价格和 28 天的动量

如图 8-1 所示，动量和价格往往一起行动。但看看图的右边，情况就不一样了：（2 月份）价格上行而动量下行。我后面再详细说明这种背离情况。

第 8 章　利用动量和 MACD 做日内交易

动量的作用

本章后面要简单明了地介绍一种特别的方法，利用动量作为基本的定时指标，并且结合具体的风险管理原则，有助于开发一种完整的交易方法。我认为如果全面深入利用动量（包括多练习本章讨论的应用方法），其就是在股票和期货市场日内交易上全能的获利指标。

动量从来也不会成为股市和商品交易的法宝。本章教的方法的确有效，但也像所有系统和方法一样，仍然受制于相同的局限。

MOM 和其他许多指标一样，擅长发现趋势，但在零点上下扑腾时，也会发出许多假信号。尽管有这些局限，MOM 还是可以有效用于头寸交易和日内交易。

可以用 MOM 的移动均线来获取具体的定时信号。图 8-2 就表示了动量反向其移动均线的情形。两条移动均线相交时，信号出现了。这只是动量用作交易和定时工具的方法之一。

动量和移动均线方法结合风险控制方法，是有效的交易方法。

虽然动量的不同应用方法能够带来很大利润，但事实是，最弱的环节仍然是交易人。犯错误的永远都是交易人，抛开原则的也是交易人，他们总会找到办法让自己的交易系统失效。

最后，也是交易人无法坚持使用这里讲的原则，而最终还称这种或其他方法无效。任何交易方法（包括本章讲的这一个）的最终成功或失败，就是链条中最薄弱的一环造成的。

从长期和昂贵的经验中得知，系统会因为使用的人成功或失败。我们知道，最好的系统在未经磨练的交易员手里就是失败的系统，而一个平平的系统在经验丰富的专业交易人手里就是制胜系统。

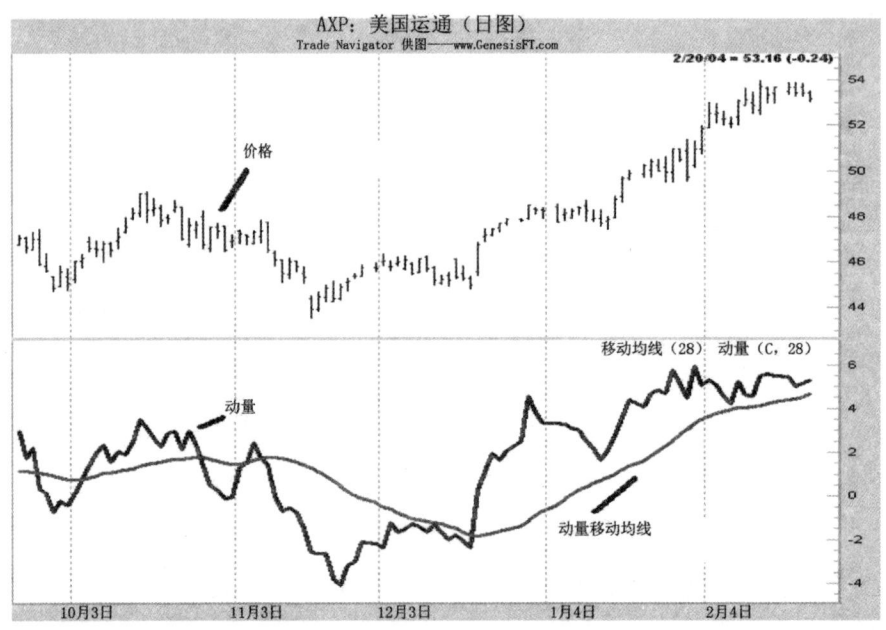

图 8-2　动量反向其移动均线的每日价格图

那么我们该怎么办？显然，要明白，为了成功使用本章介绍的动量方法，就需要：第一，理解；第二，使用；第三，有效管理风险。

动量的基本特性

动量之所以是一个重要指标，有很多原因，我们下面会逐一讨论。

价格和动量同时下行

动量和价格不仅同升而且同降。市场下行的话，必须有持续的卖盘压力,动量的负值越大,卖盘就越突出。

动量下降,并不意味着动量总量变小,而表示动量的下跌力量变大。如果把动量比作能量的话,就可以设想一下:车既可以向前也可后退,不管向哪个方向,车动起来都要消耗能量。我觉得市场的行为如出一辙。

把听到的混沌理论、回归分析和波浪形态这些复杂概念抛在脑后。这些可能有效,但并不能直截了当地回答"价格走向何方"这个问题。

图 8-3 到 8-5 完美展现了股市下跌的同时,动量负值增大的互动。记住,动量可以跌到零下,零并不是动量的终点。动量越低,价格越低。

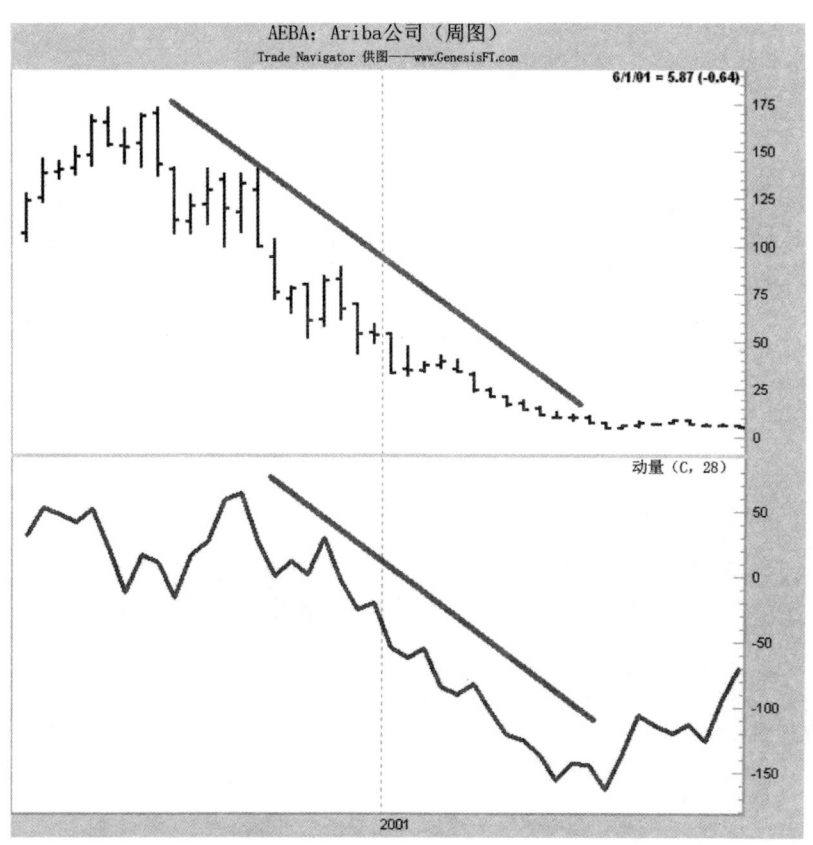

图 8-3　价格和动量集体下行,这是正常状态

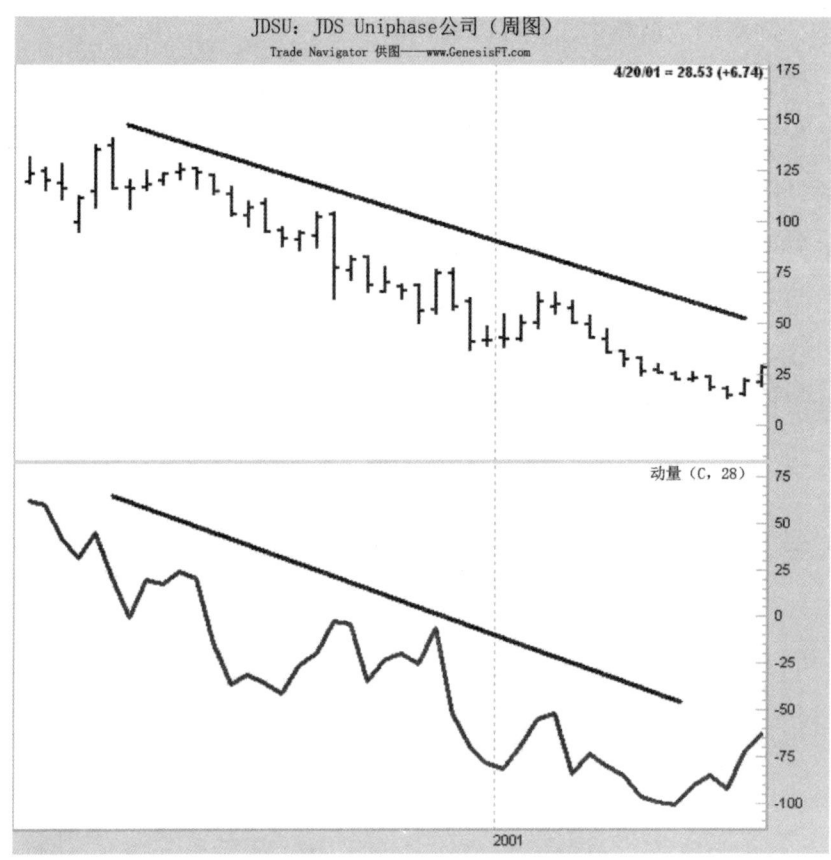

图 8-4 价格和动量集体下行,这是正常状态

随着动量负向运动,价格有可能继续走低。动量降低而价格盘整运动或走高是空头指标,因为动量往往会提前价格下跌和上涨。

时刻牢记,在逻辑来说,动量下行有个终点。股价也有个下行极限。价格在市场上下行的最低点就是零。因此价格为零时,动量最终会停止下跌。

只要公司不破产或不被退市,股价就有可能到零(或到一个最低值),动量到时就趋稳,然后走高。这时就是许多股票或商品买入的最好时机。

第 8 章 利用动量和 MACD 做日内交易

图 8-5 价格和动量集体下行,这是正常状态

价格走高而动量走低:熊市背离

价格走高而动量走低是非常重要的情况,因为此时价格和动量发生背离,也就是说,两者反方向运动。如果动量引领价格,而且动量开始下降而价格继续走高,那么就可以预测未来某个时候价格会走低。

如果动量不掉头上行,价格最终会与动量同向而行。价格和动量开始背道而驰时,市场就是在告诉我们其欲动方向,我们就应该侧耳倾听。

要记住这个简单而重要的原则：

价格走高而动量走低，往往预示顶部即现。

来看几张不同时间段内这种情况的图。图8-6和8-7明确显示了这一重要情形。

图8-6 价格最高点并没有对应动量最高点，熊市背离形成了卖出形态

第 8 章 利用动量和 MACD 做日内交易

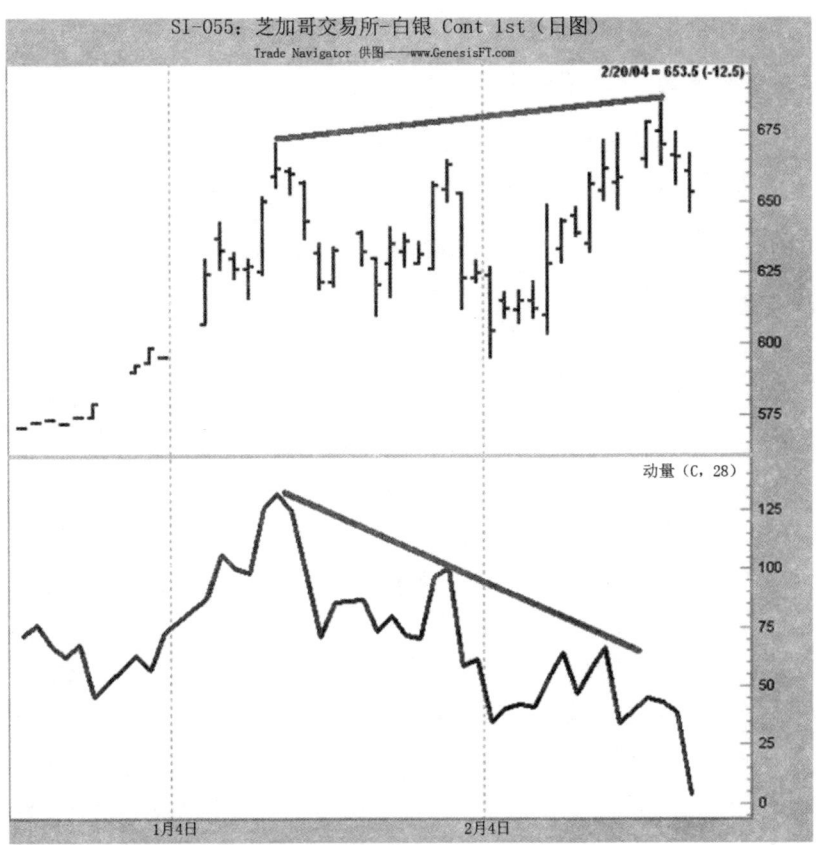

图 8-7 价格最高点并没有对应动量最高点，熊市背离形成了卖出形态

价格走低而动量走高：牛市背离

价格走低而动量走高是非常重要的情况，因为此时价格和动量发生背离，这种背离与上述的背离（即熊市背离）相反。也就是说，两者反方向运动。

如果动量引领价格，而且动量开始上涨而价格继续下跌，那么就可以预测未来某个时候价格会随动量走高。

如果动量不掉头下行的话,价格最终会与动量同向而行。前面说过,价格和动量开始背道而驰时,市场就是在告诉我们其欲动方向,我们最好竖起耳朵。

下面是另一个简单而重要的原则:

价格走低而动量走高,往往预示底部即现。

来看几张不同时间段内的这种图。图 8-8 和 8-9 清晰显示了这一重要情形。

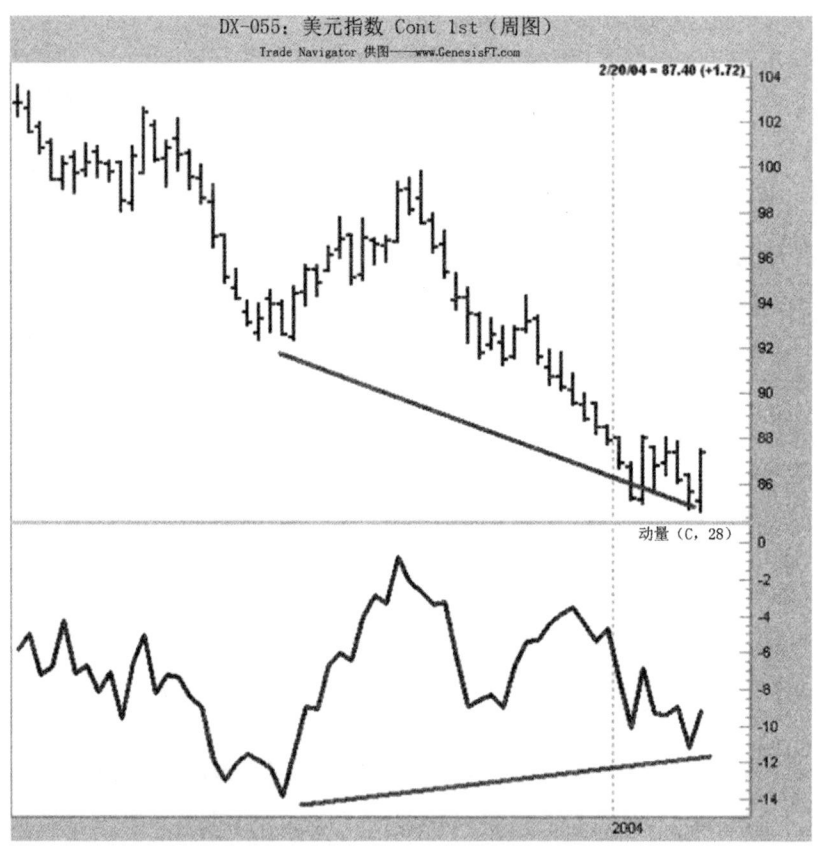

图 8-8　熊市动量背离,然后底部显现

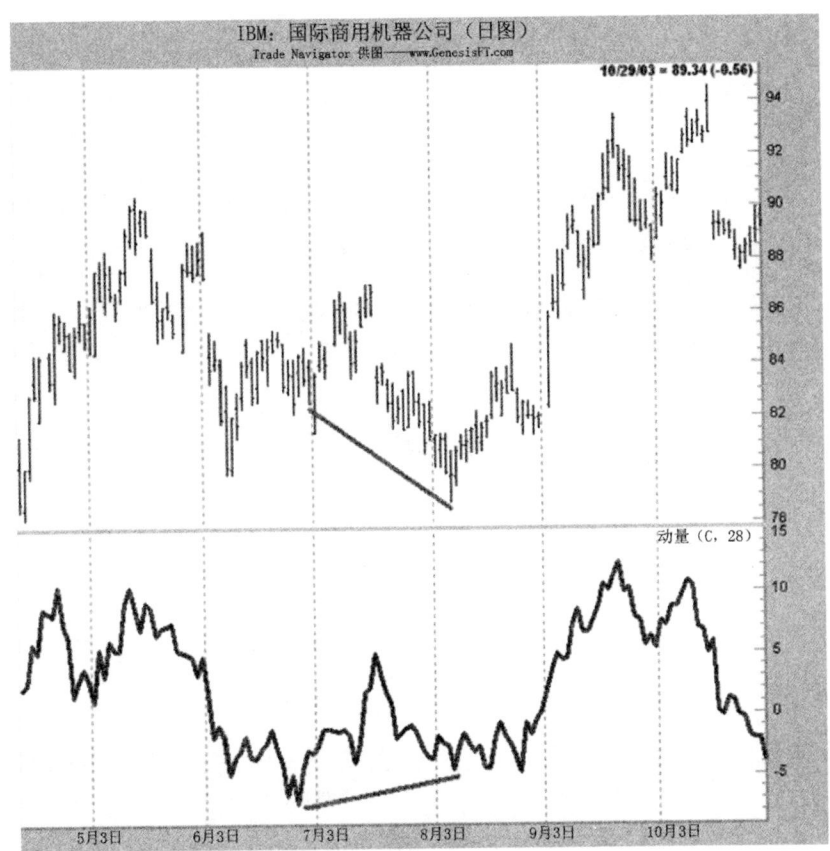

图 8-9 牛市动量背离，随后出现重要最低价

动量跌破零线

从上可知，动量可以是正数、负数或零。多年来，应用动量指标的交易人（可能错误地）认为，如果动量一直为正，然后穿过零线变成负数，就表示熊市要来了。

注意，动量可以这么用，但这并不是最好的用法，也不是最正确的用法。

动量冲破零线

多年来，应用动量指标的交易人也（可能错误地）认为，如果动量一直为负，然后穿过零线变成正数，就表示牛市要来了。

注意，动量可以这么用，但我告诉你，这并不是最好的用法，也不是最正确的用法。

动量背离

本章介绍的方法中有一部分介绍了动量的应用，其中包含三个重要组成部分。第一就是辨认出牛市或熊市背离是否存在；第二是判断买入信号或卖出信号是否存在；第三是一旦根据动量背离买入或卖出信号开始交易，就要有效管理风险和利润。

我的动量背离理论

虽然你可能不认同我的理论，但我还是要花点时间讨论一下，我怎么理解动量如何传达出某一时点的市场信息。由于动量能够衡量市场内部的力量强弱，但我们能很容易根据动量在任何时点的行为，判断出市场在该时点的强弱程度。

之前说过，利用动量和对其的不同理解，能够发现市场内部结构的重要信息。这么说，是指通过理解任何时点的动量，我们能确切说出市场有多强或多弱，而且我们常常根据动量指标的行为，判断出市场何时要走高或走低。

为了真正理解市场的方向，一定要知道谁在控制市场。我用控制一词并不是说一群人谋划或计划要囤积某市场，不是这种意义上的控制，我的控制是指对某市场有影响力。

用下面的情形来举个例子。假设育肥牛市场大概有 1000 名活跃交易人。如果 700 名活跃交易人认为价格即将走高而买入（假设他们根据预测而行动了，而且资金充足），那他们完全压倒了另外 300 名认为市场要走低而卖出的交易人形成的卖盘压力。这种情况下就是多头控制市场。

对市场的控制程度取决于不同交易人表现出了的积极或消极情绪大小。假设某个市场或股票已经连续几周走低，只要市场上潜在供求因素的基本情况依然消极，那么这只股票依然会走低。

虽然交易人会根据昨天的新闻退出市场，使价格持续下跌，但有见识的交易人（或者你叫"内部人士"也行）估计趋势最终会改变，反而会开始买入。虽然市场价格依然是走低，但动量开始改方向，最后会导致牛市背离。

也就是说，价格持续下行而动量走高。最终这种局面会被打破，多头击败空头获得控制权，价格开始上行。这种情形就是图 8-8 和 8-9 所示，称之为多头动量背离。

反而言之，如果大众认为基本面向好，股市继续上扬，那么就会出现非常典型的市场高点。公众依然买入、价格继续走高，而专业交易人则套现清盘，开始卖空。这种情况下，价格往往继续上涨，而动量则下降。图 8-6 和 8-7 就是这种情形，称之为空头动量背离。

上面讲的情况只能持续一段时间，然后趋势会发生重大变化，价格会因为缺少买盘或卖盘数量巨大而下跌，反映在价格和动量图上就是空头背离。这时，价格持续上涨，动量继续下降。当力量平衡交换、卖盘多过买盘时，市场风向就变了。

本章会教会你多种方法，来判断动量背离买入信号和动量背离卖出信号。记住，多头背离或空头背离并非行动信号。在我的交易模型（STF）里，这只是建立点，还需要启动点来决定是否开始交易。

一旦学会辨认买入和卖出信号，在不同时帧内确定波动（两个方向上的波动通常都非常多）就比较容易了。这根本谈不上是指示，但仅仅通过确定波动，就能在交易股票或商品上大获成功，除非你已经学会了有效的资金管理。因此，本章还要教会你风险管理。

动量是指引指标

如前所示，指引指标往往比滞后指标更有效，因为他们往往不像趋势跟踪系统那样容易受到市场利空的打击。研究本章提供的图以及你自己的图时，你会发现动量大多数情况下是带领价格运行的。通常的情形是，如果价格下跌而动量增加，那么价格随即就会上涨。

反而言之，如果价格上涨而动量减少，价格会最终走低。运用任何指引指标时最重要的一点是，不能太早入市，否则你不得不熬过一些重大的不利波动，然后才能获利。有时候入市过早就像入市过晚一样糟糕。因此，重要的是要用明确的定时信号确定动量的背离信号，这些信号理论上可以摒除错误交易。

动量确定时机：信号

动量背离可能利多也可能利空。多头动量背离经常发生在价格低点之前，空头动量背离则经常发生在价格高点之前。这一点没错，你还必须记住，并非所有高点和低点之前都出现多头或空头背离。为了理解基本的动量定时方法，有必要遵循以下几个简单步骤。坚持最终有所报！

学习任何新交易系统或方法就像学习一门新语言。再看本章前，你要尽量忘记所知道的定时方法。除非指标或信号完全客观，否则系统或方法完全可以仁者见仁。解读是一个领悟的问题，无关客观。没有了客观，往往导致损失。练习对这种或其他任何办法都非常重要。我举了许多实际的图和大量例子。好好琢磨。一旦你学会了动量方法，就是学会了一门语言，我相信你会在短期和长期内大获裨益。我开发出来的其他动量方法细节在我的《动量股票选择》一书里有叙述。

使用动量和本章介绍的动量概念，你就会领悟我所教的内容之外的关系。你会发现用我教的方法使用动量不仅有效，更重要的是给你提供了完全客观的日内交易（以及长期交易）方法。

要学会动量方法，就要练习、练习、再练习。研究的图越多，越能明白动量方法的含义。看几秒钟图就能找到动量信号。

学会这种技巧，信号就会自现其身。但我要提醒你，请自己多花点时间，这样才能从动量方法、力量和概念中获利。

识别动量买入信号

要确定动量买入信号，就要记住买入多头动量的概念。牢记这个简单的道理：基金出现多头动量背离不能立即引发动量买入信号。实际上，动量背离可以在上涨情况下持续数周或数月，而不引发买入信号。

多头动量背离有时无法形成买入信号，而且可能转变成下跌形态。有时，动量背离持续下跌的时间加长，而无法形成买入信号，价格则继续下跌。这就是动量的过人之处。也就是说，出现多头动量背离并非意味着就会出现买入信号。

反之，空头动量背离也不自动生成卖出信号。无论何时，最重要的是记住时机是绝对必要的。时机必须验证所有的多头势力背离和所有的空头动量背离，等待其形成交易信号。

不待动量买入信号出现而仅仅依靠多头动量背离过早买入是与原则背道而驰的；不待动量卖出信号出现而仅仅依靠空头动量背离过早卖出也是违背原则的。这么做有可能惹祸上身，也与我本章的内容相左。我本章开头列举了大量的图例，展示了多头背离（和空头背离）（见图8-6到8-9）。请仔细研究。

核心是要记住最后几段提出的观点：

多头动量背离不是买入信号！

那么动量买入信号到底是怎么构成的？下面的几段中，我先解释动量买入信号，然后会举一些例子，一步一步具体演示选择的过程。你不仅能区别多头动量背离还能根据动量程序辨认具体的买入信号。

判断动量买入信号可以先发现多头动量背离期间——一段时间内，价格下跌形成新低。同时，动量则要走高，显示出最低点升高的趋势。这样的话，买入信号就产生了，此时，在任何时帧内出现新的收盘动量最高值，高于多头背离期间内的最大动量值。

看看图8-10中的例子。图中显示如下的形态：在点A出现了新最低价。大约同时，点B并未出现动量的新最低值。看点B的左边就知道了。图中清晰表明点B的左边出现了更低的动量值。这是典型的多头背离形态。

虽然价格在趋势上出现新低，但动量却没有出现新低。我在图上标出了价格新低，以及该点对应的动量值点B。我也标出了之前的动量最低值C和对应的价格D。点E就是买入点。

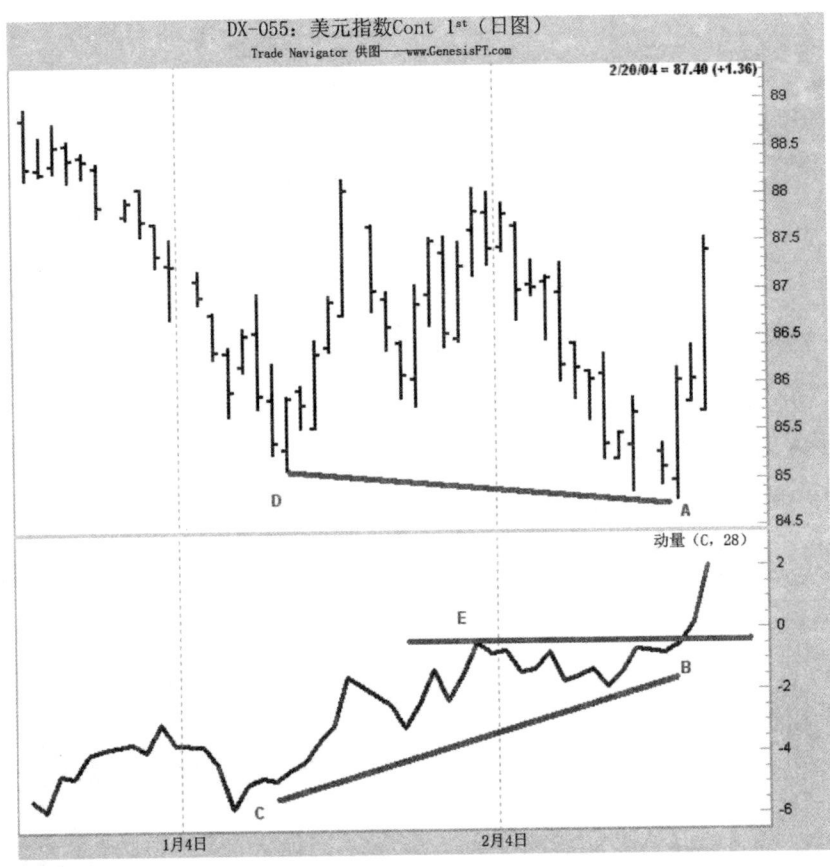

图 8-10 点 A、B、C、D 和 E 显示了多头动量背离,随着点 E 的出现,买入信号形成

这个例子明显说明了我提出的有关多头背离选择的概念。只要经过千锤百炼,多头背离就能很容易找出来。要想找到多头背离时期,就要记住几个必须遵守的原则:

1. 在日图找到多头背离,要使用 60 个价格条窗口。也就是说,要在这个时帧或价格条数中找到多头背离。也许要经过足足五六个月时间,才能熟练掌握这种技巧。但 60 个价格条窗口足以找到确实的信号。形成多头时帧不能少于 3 个月。这不是说在整整三个月内一定会出现多头背离,仅仅是因为你参考的是 60 个价格条期间。

2. 多头背离信号出现至少需要 6 天,也就是 6 个交易日(或价格

条)。用日内交易图也是一样。例如,如果日内交易用 60 分钟图,也需要至少六个小时的价格图才能构成多头背离需要的时间。图例中能清晰显示这一点。见图 8-10 和 8-11 以及 8-16 到 8-19。

3. 在图中找到价格最低点。找到后,标字母 A。

4. 现在找到动量指标,标字母 B。

5. 再从这一点找到之前的动量最低值,标字母 C。

6. 接着找到 C 对应的价格,标上 D。现在就形成了一个组合。

7. 一旦选定 A、B、C 和 D,就要准备形成刺透交叉点,随之而出的买入信号,也就是点 E。

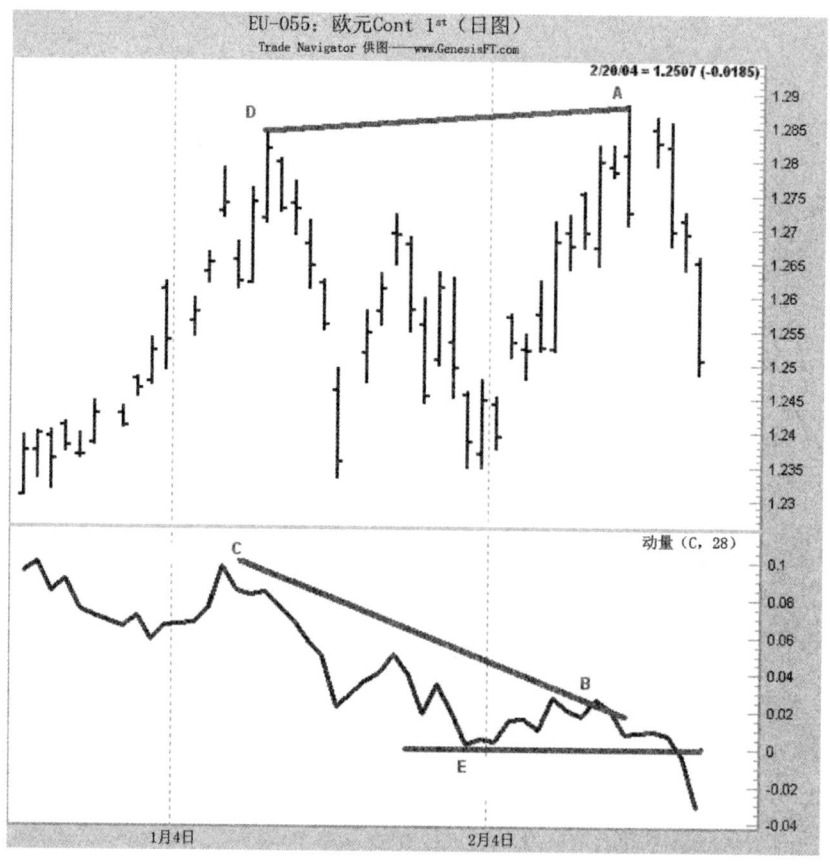

图 8-11 典型的空头背离 A、B、C、D、E 动量形态,在 E 点启动卖出

选择买入点

动量买入点总是两个动量点之间的最高点,衡量了多头背离条件后才能找到。我们用点 D 做标记,我称之为动量突破点（MBP）。

在空头动量背离后选择卖出点

动量背离卖出点与买入点相反。图 8-11 显示了这种形态的发展过程。如图所示,这个过程很简单,关键是机械而客观。

平滑异同移动平均线作为启动点

平滑异同移动平均线（MACD）指标的研发公认为要归功于杰拉尔德·阿佩尔,他最初的目的是借其确定进入和退出标普期货的时机,来对冲股票组合。构建 MACD 很简单,由两个指数移动均线（EMA）构成,两者的差作为第三个指数移动均线的输入值。计算方法如下：

MACD 线 1 = (XMA2-XMA1)

MACD 线 2 = (XMA 线 1)

然后就找到了两条 MACD 线,或者两者的差表示一个线性的摇摆指数,冲破或跌破零线。如果有意详细了解 MACD 的算法和概念,可以上网找到无数解释。

MACD 作为背离指标

讲了 MACD,大家也明白了其传统用法,再来看看我对 MACD 的特殊改造，可以和动量方法结合使用。下面是一些基本原则，之后再来解释和细化。

1. MACD 在图标程序中需要三个输入值，即 FAST，SLOW 和 AVERAGE。我们仅使用 FAST 和 SLOW 两个值，不用 AVERAGE，该值应该被设定为 1。用输入值 FAST9，SLOW18 来建立 MACD。

2. 根据结合 MOM 使用的现行应用原则找到多头背离。

3. 根据结合 MOM 使用的现行应用原则找到空头背离。

4. 利用动量买入或卖出点的刺透，相应启动买多或买空。

5. 使用随机止损原则进行跟踪。

本章后面会对上述所有原则进行非常细致的讨论。但首先我们先来看看 MACD 的特性以及其传统用法（图 8-12 到 8-15）。

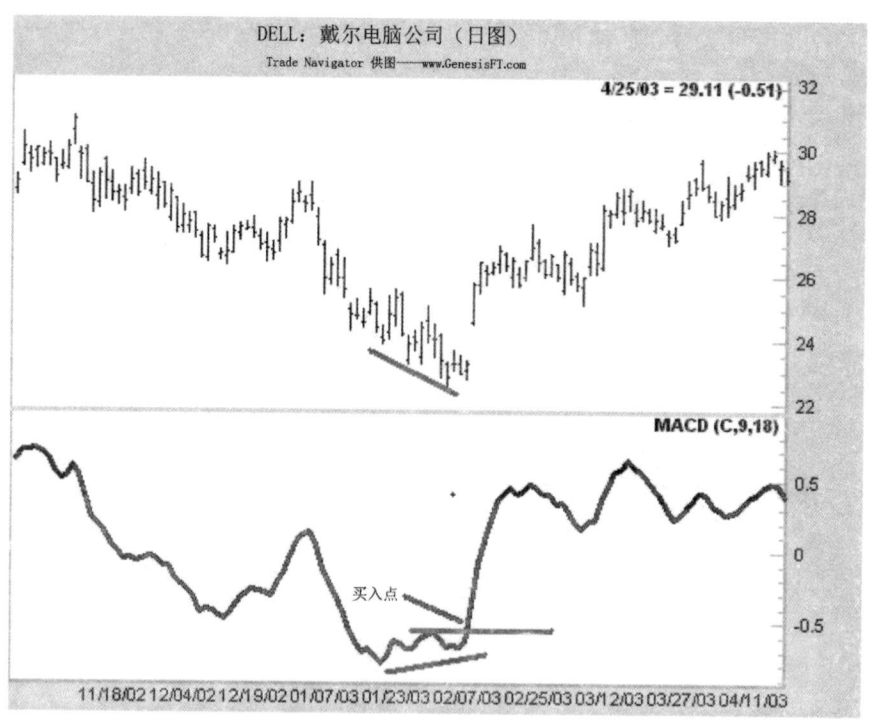

图 8-12　MACD 建立和启动，随之股价从 25 大涨到 30

第 8 章 利用动量和 MACD 做日内交易

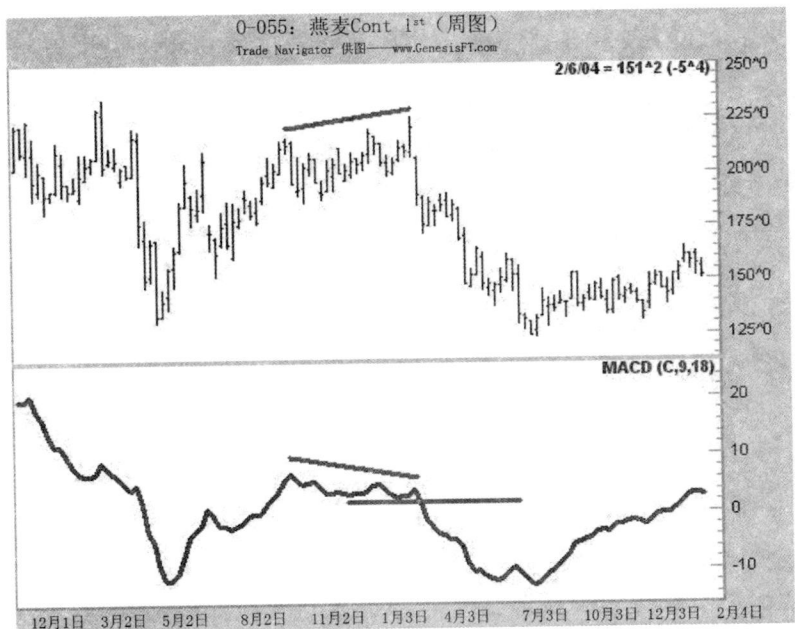

图 8-13 建立 MACD 空头背离,然后是启动卖出

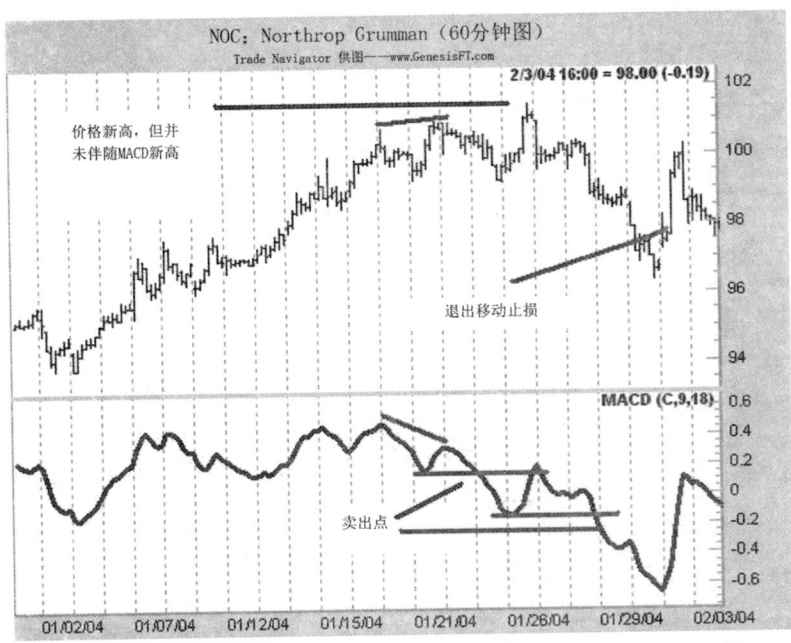

图 8-14 本图说明:(1)价格创出新高,接着在 2004 年 1 月 26 日再次创新高;(2)同时出现两个 MADC 空头背离;(3)两个卖出信号后出现空头背离形态;(4)股价下跌;(5)市场见底,移动止损启动

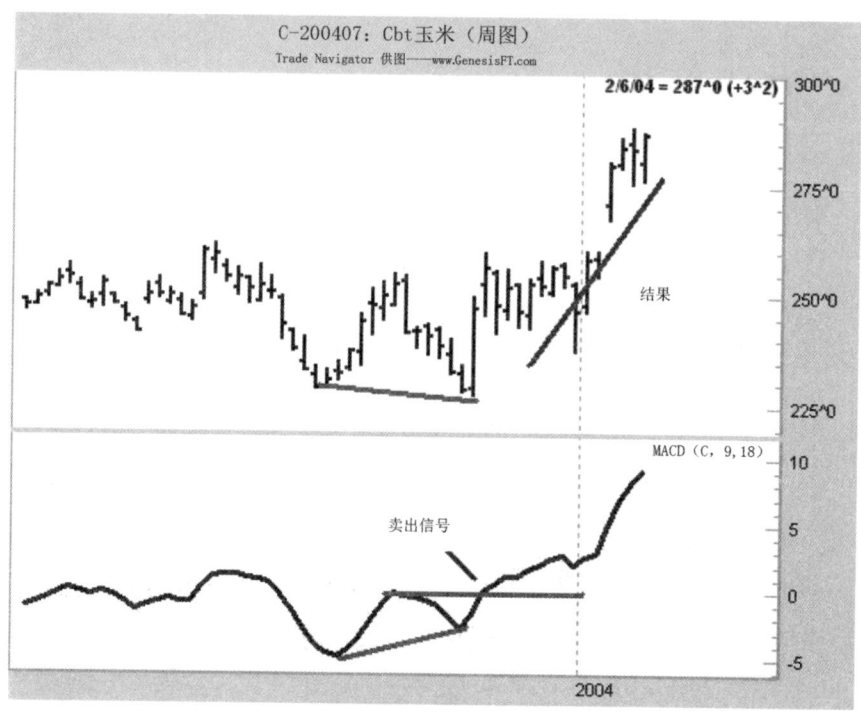

图 8-15 在价格和 MACD 之间的简单空头背离形态,之后是一个突破启动,出现大涨,注意在背离期的最高 MACD 被刺透时,买入启动

再来看看图 8-16 中的 MACD 和动量建立和启动,以及图 8-17 中动量指标并未验证。

第 8 章 利用动量和 MACD 做日内交易

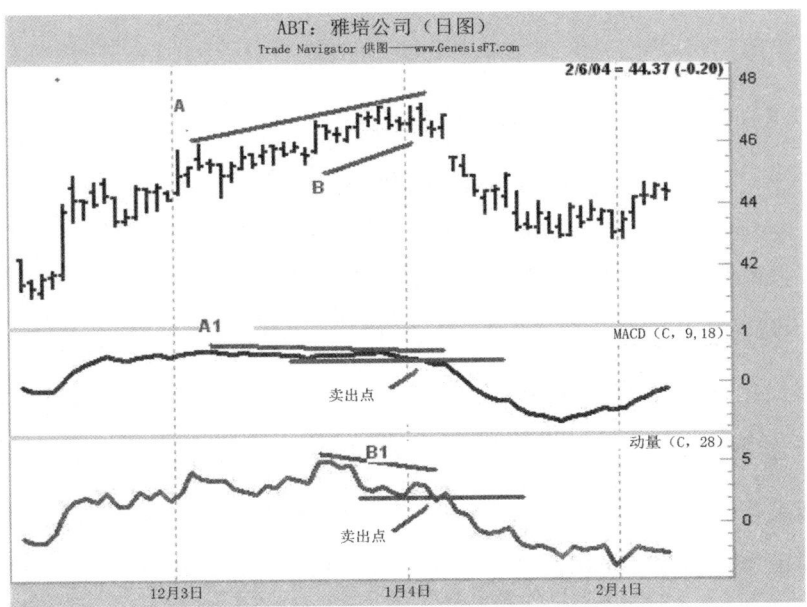

图 8-16 空头背离如何在 MACD 和 MOM 之间发展，此时，两个指标同时发出了卖出信号，点 A、A1、B 和 B1 构成背离形态

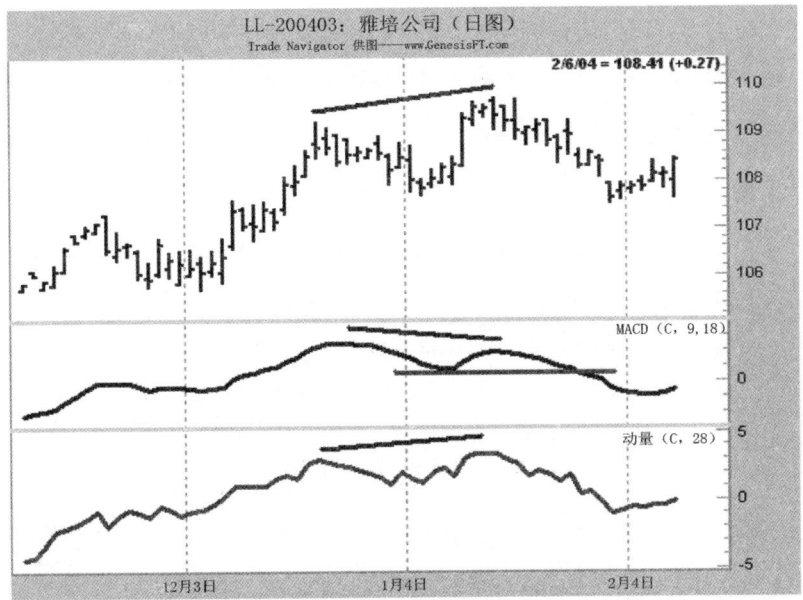

图 8-17 MACD 指标出现空头背离和卖出信号，动量指标并未对验证，这时，MACD 出现信号，而 MOM 却没有，这时 MADC 背离和动量背离结合使用的一大便利，注意当 MACD 最低点出现在背离期被刺透时，卖出启动

止损和利润最大化策略

我相信如果完全按照我在本章中描述的步骤一一操作,动量和 MAC 背离是非常正确的方法。无论何时,止损和第一利润目标以及利润最大化是整个程序中必须的一部分。下面是我对使用动量背离和 MAC 背离方法时,建议采用的止损和利润最大化策略。还要注意,这时我要用时下的新图,来说明这些方法中的背离。本章最后我要来举五个日内交易的例子来说明这个建立、启动和跟踪程序完整的过程的五个应用。

利润目标 1 是包括点 A 到点 D 的背离期内最高的高价和最低的低价之间(包含 A 和 D)价差的 50%。

利润目标 2 是包括点 A 到点 D 的背离期内最高的高价和最低的低价之间(包含 A 和 D)的差价。

止损点是点 A 和 B 之间(包含 A 和 D)的差价。

一旦达到整个获利目标,就可以根据最大开盘利润的 70% 进行移动止损,或者实行更小差额的收支平衡止损。

第8章 利用动量和MACD做日内交易

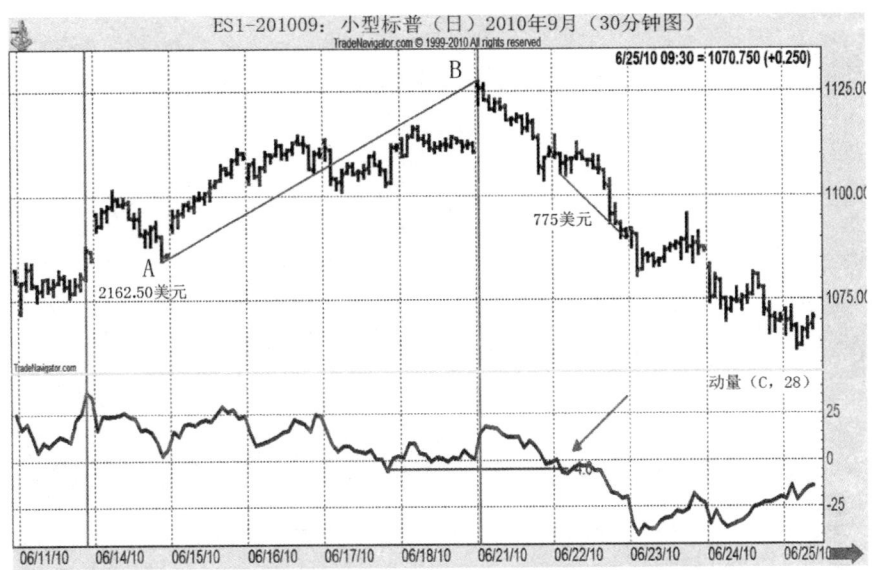

图8-18 建立、启动和跟踪背离中，此图显示了30分钟小型标普期货的卖出建立和启动，6月21日的垂直线表明价格出现新高，而动量却没有，这分别形成点A和B，点C和D出现在垂直线的左边，即动量较高点和价格较低点，这个空头构造引发了启动，出现在6月22一早，当日闭市时，获利很大，最后市场在几天后实现第一个获利目标（见图8-20到8-22）

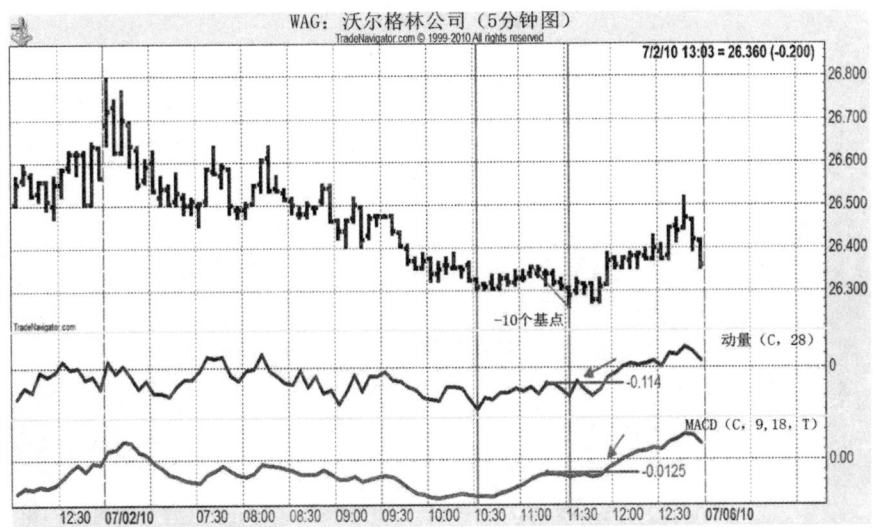

图8-19 沃尔格林公司（股票代码：WAG）5分钟图上的建立、启动和跟踪背离，此时动量和MACD都启动了买多，不仅实现了0.10的利润目标，而且启动30分钟后就超过了

— 113 —

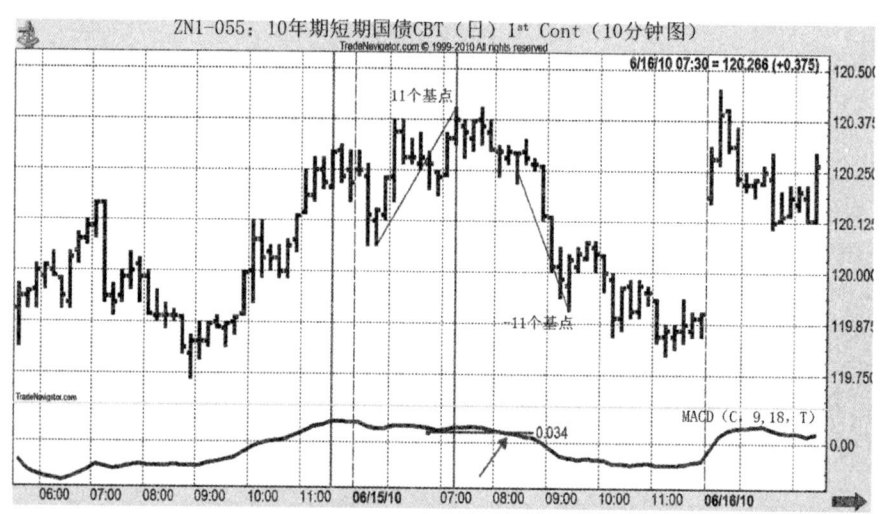

图8-20 建立、启动和跟踪背离,图上,MACD建立和启动后出现下跌,在闭市前实现整个利润目标,而且下跌甚至还在继续

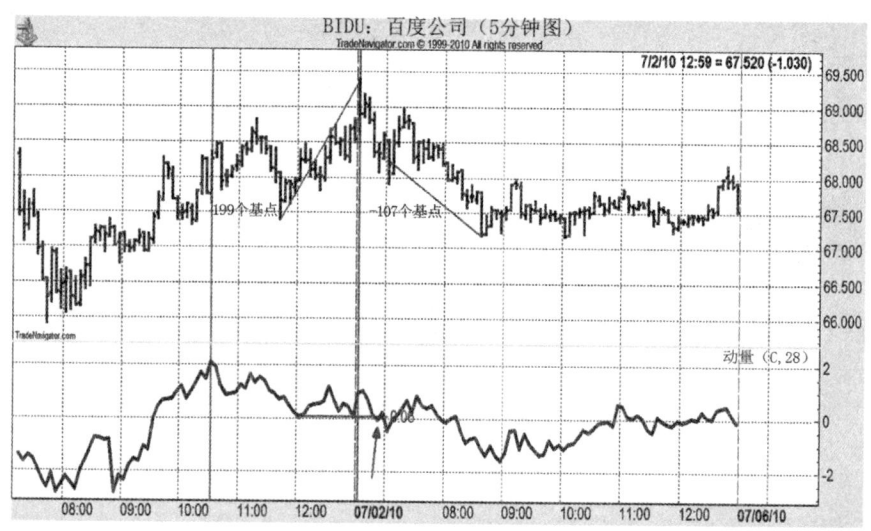

图8-21 百度5分钟图上的建立、启动和跟踪背离,依据动量进行卖出建立和启动,股价上涨实现第一个获利目标,并且在闭市前有所突破

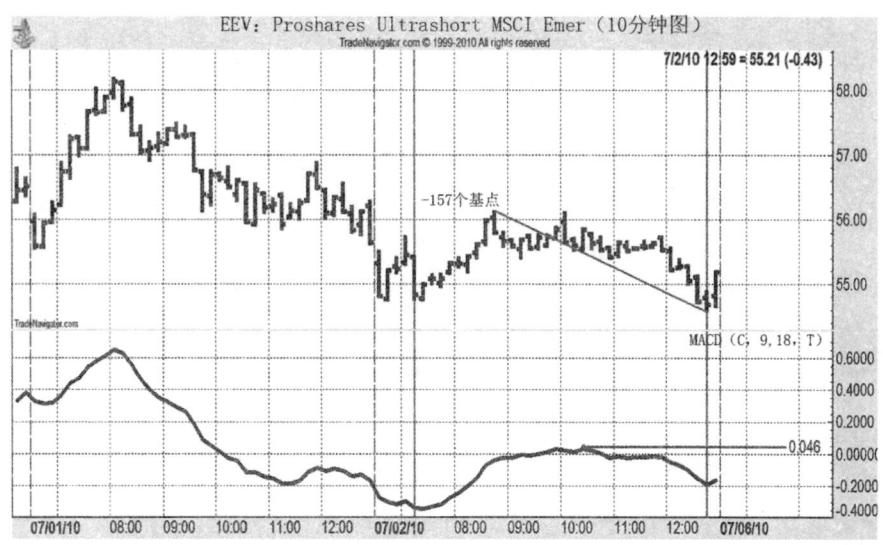

图 8-22 Proshares Ultrashort MSCI Emer(股票代码:EEV)的背离建立,等待启动信号

示例

我们再来看几张日内交易图,其中显示了动量背离、MACD 背离或两者兼有。

下面重复一下这个方法和输入值。

1. 复习动量的基本方法。
2. 作为动量的一个辅助或备选,介绍和解释了 MACD。
3. 介绍和举例说明了 MACD 的基本信号。
4. MACD 的值取的是 9 和 18。
5. 用 28 作为 MOM 值。
6. 研究 MACD 信号的其他用法。
7. 讨论和研究动量的高级用法。
8. 列举动量应用的具体原则。

9. 举例说明。

10. 举例演示和介绍信号组合。

11. 列举应用原则，并举例说明。

12. 解释动量目标水平，并举例说明。

13. 举例说明了买多和买空目标的决定因素。

有效使用动量方法的关键就是练习。没有大量练习就无法获得进步。

我本章中讨论的动量背离和 MACD 背离方法。因为这些方法可能与你们习以为常的方法不一样，所以勤加练习就很重要，这样才能透彻了解背离及其应用。因此，我提供一些实例图帮助大家理解（见图 8-23 到 8-28）。

图 8-23 是英国石油公司的 15 分钟图。MACD 的构成是一个买入建立和启动。价格没有立即迅猛上涨，但之后几天股价上扬，实现了所有的利润目标。

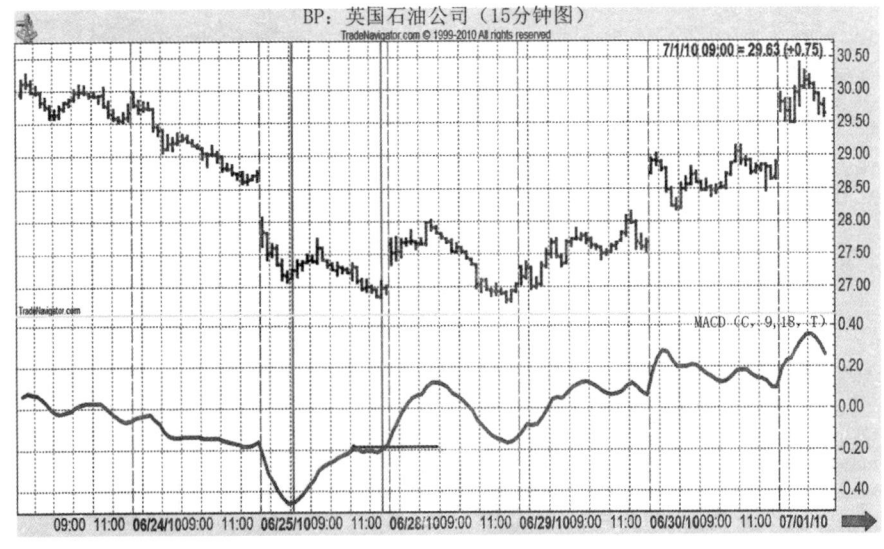

图 8-23　BP 的 MACD 背离形成买入建立和启动

图 8-24 是百度公司的 10 分钟图，显示 MACD 买入建立和启动，趋势上涨在闭市退出时实现所有目标。

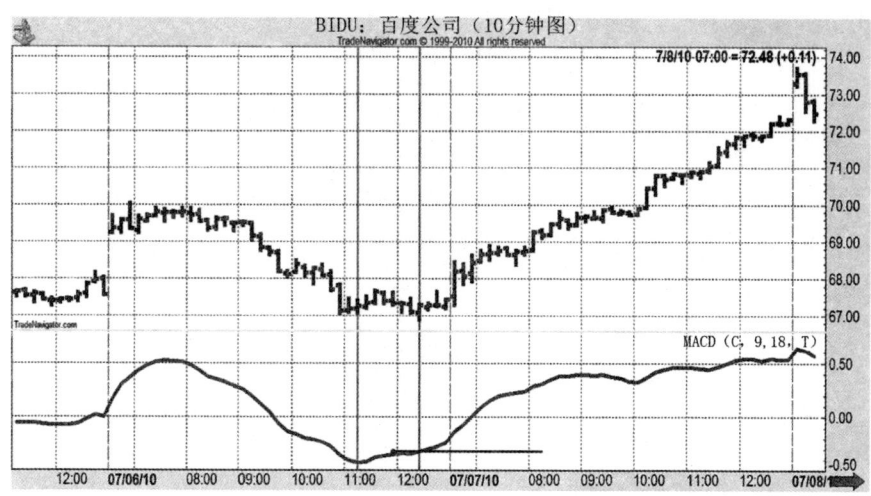

图 8-24　百度公司的 MACD 背离形成买入建立和启动

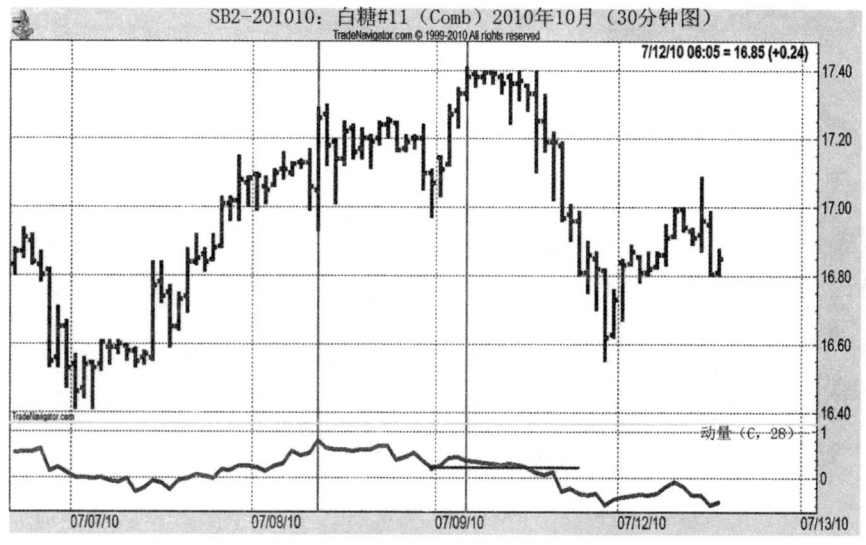

图 8-25　白糖期货的动量背离形成卖出建立和启动

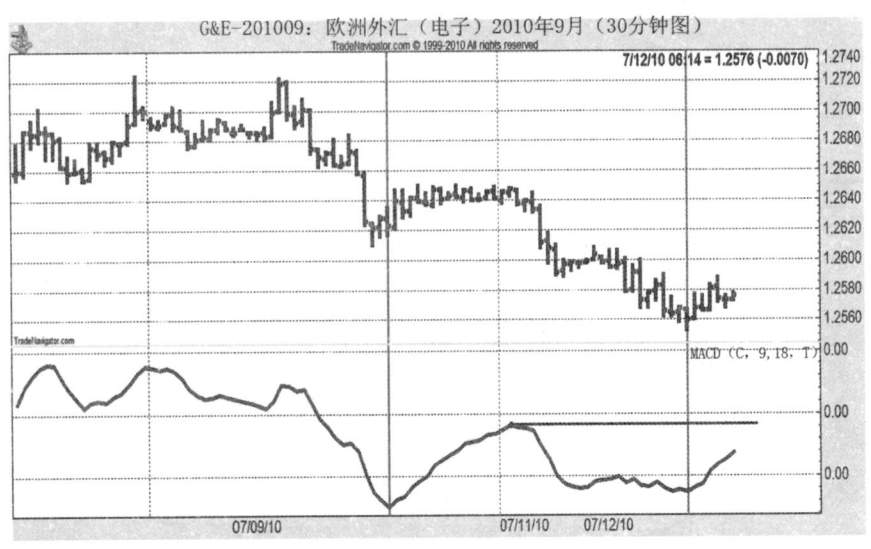

图 8-26 欧洲货币期货的 MACD 背离形成买入建立,等待启动信号

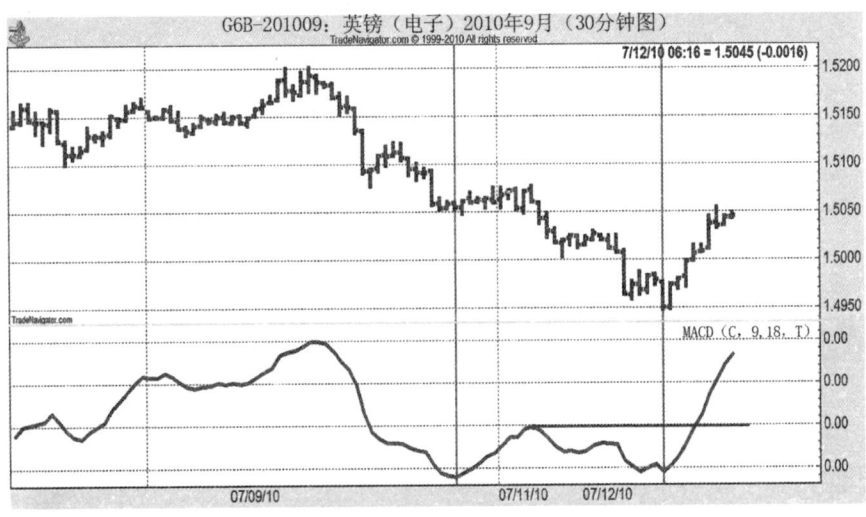

图 8-27 英镑期货 30 分钟图的 MACD 背离形成买入建立和启动

第8章 利用动量和 MACD 做日内交易

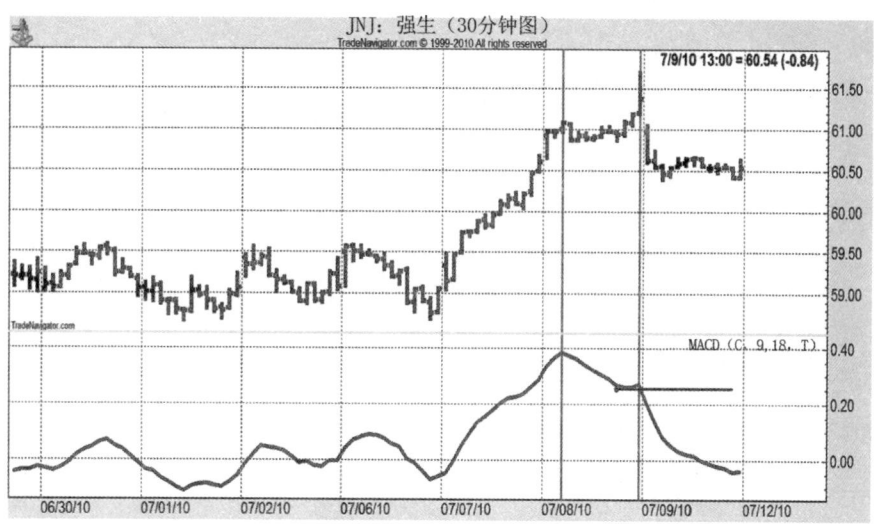

图 8-28 强生（JNJ）30 分钟图的 MACD 背离形成买入建立和启动

第 9 章　利用跳空进行日内交易

我调查过、用过并开发过的所有短期交易系统中，最喜欢的是那些利用开盘价格跳空入市交易的方法，主要原因在于跳空没有其他方法那么劳神。利用本章讨论的跳空方法，可以在开盘或之后一小时下单，然后在确切点或闭市时退出。自然，对那些希望在当日跟踪市场的交易人来说，当然有可能用到跳空系统，但并非必须。讨论跳空系统前，先来定义一下我所说的开盘跳空。

开盘跳空

当日开盘价高于昨天最高价或低于昨天最低价时，就是开盘跳空。

举个例子。假设昨天的价格区间是最高 59.10 美元，最低 58.60 美元。如果今天开盘的价格高于 59.10 美元，就是开盘价跳空走高；如果今天的开盘价低于 58.60 美元（昨日最低价），那就是开盘价跳空下跌。

开盘跳空的出现频率

既然出现了电子交易,并发展成 24 小时交易,很多市场的开盘跳空越来越少。原因很简单:开盘跳空往往是因为闭市后发生新闻和基本面变化而产生的作用。休市时间越长(如周末或一个晚上),新闻事件越容易影响开盘价格。例如,如果货币期货只关闭一个小时,然后就开始第二天的交易,发生开盘跳空的可能性就极大降低。由此,最近几年开盘跳空在期货市场上逐渐减少,而在股市上出现的数量还比较高,只要没有利用盘后数据,跳空就可以利用来交易。最后,我建议,在诸如小型标普期货和中长期国债这样的市场上仅使用日数据。

对开盘价格如何形成一直众说纷纭。这对日内交易人非常重要,因此我来说说我的看法。我将开盘价格定义为第一个显示的价格。具体来说,为我们的讨论起见,出现在屏幕上的第一个价格就是开盘价格。我这么说是因为,交易所会让开盘价与第一个显示价稍有不同。有时,市场会以一系列价格开盘。也就是说,因为交易没能确定出一个具体的开盘价格,反倒出现两个或三个开盘价,而且同时出现。

这时,交易所就采用一个开盘价区,选择中间点作为开盘价。这样不足以实现我们的目的,我们必须用第一个显示价格。绝大多数情况下,第一个显示价不会与交易所给出的开盘价有很大不同(如果有的话)。图 9-1 和 9-2 是典型的跳空高开和低开信号。

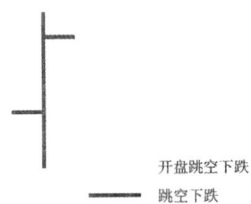

图 9-1　跳空低开:今天开盘价<昨天最低价

第9章 利用跳空进行日内交易

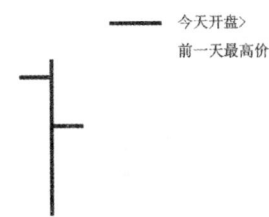

图9-2 跳空高开：今天开盘价>昨天最低价

明确定义使开盘跳空很容易辨认。因此，开盘跳空可以客观使用，可以尽可能地机械化。图9-3和9-4上标出了跳空高开和跳空低开的开盘价。（价格条下的箭头指出了跳空低开的开盘价，而价格条上的箭头指出了跳空高开的开盘价。）

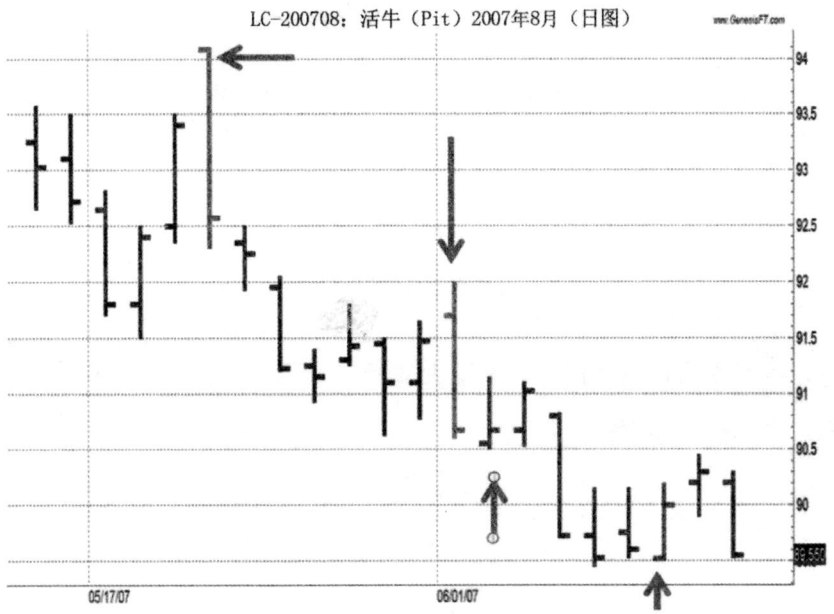

图9-3 开盘跳空

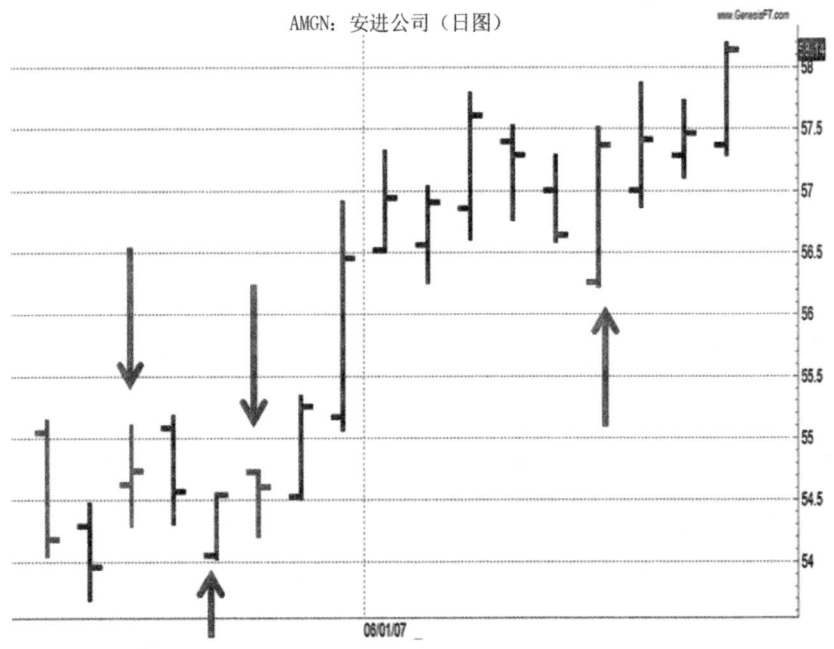

图 9-4 开盘跳空

下面几段我会提供一些跳空开盘交易规则，细心研究，然后谨慎使用。

开盘跳空信号

我使用两种跳空信号：跳空上涨和跳空下跌。跳空低开和跳空高开的定义和规则如下。

跳空下跌买入信号规则

我的跳空方法认为跳空下跌首先表明底部可能出现，日内会有上涨。大多数跳空低开是因为之前出现了国内外事件造成的利空消息或不利预测。利用跳空开盘信号的规则如下：

1. 价格跳空低开时，可能出现买入信号的第一个条件就成立了。

2. 如果价格跳空低开，一旦市场掉头上行，穿破前一日最低值一定数量的基点，马上下单买入。

3. 买入时，必须附加止损或止损限制。

4. 止损可以是预定的一定资金量，也可以是低于当日最低值的几个基点。

5. 这两种止损方法中，我偏向利用资金管理美元止损法，因为在很多情况下，一天的价格波动幅度可能会很小，无法设置合理的止损点。

跳空日规则的思考

以下是回顾跳空日交易基本原则和一些价格跳空值得注意的问题：

1. 跳空交易：开盘价格高于前一天的最高价或低于前一天价格的最低价。

2. 造成跳空的原因包括：新闻、报道、基本面、政治因素、甚至技术信号和"专家"评论。

3. 利多消息通常带来跳空高开。

4. 利空消息通常带来跳空低开。

5. 跳空有可能是突破跳空的开始，在跳空方向上有大波动。

6. 跳空可能是带来小幅、但非常正确的与日内交易反方向的波动。

7. 历史上有一些最大日内波动就以跳空开始。

8. 跳空是情绪反应的结果。

9. 而情绪反应通常是错误反应。

10. 行家会利用消息带来的情绪应付进行反向交易。

11. 一些获利巨大的跳空卖出交易（跳空高开并启动）是在大涨中发展而成的，就是因为大众的恐慌抛盘和专家的套利以及在跌市中买入交易的反向操作。

12. 跳空不一定与潜在的价格趋势有关。

13. 跳空日往往会形成大幅交易波动。

14. 跳空日往往很关键，我这么说的意思是，在股市和期货市场上，有些非常重要的顶部和底部都出现跳空日。

15. 跳空日往往出现大交易量。

16. 跳空日往往收盘于当天的极端值或接近该值。

图 9-5 和 9-6 分别是跳空买入和卖出启动。

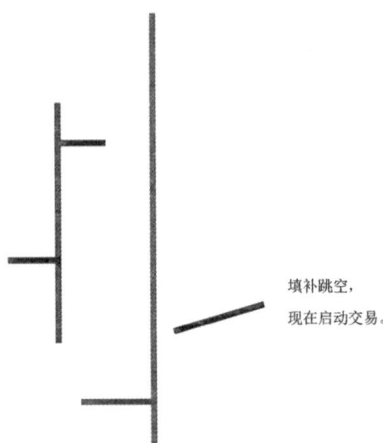

图 9-5　跳空低开后买入启动

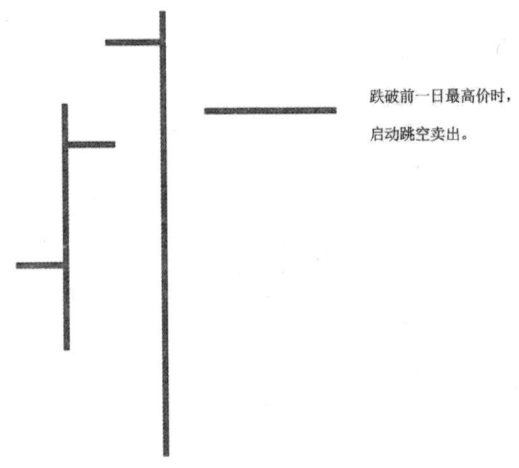

图 9-6　跳空高开后启动卖盘

时刻铭记：根据本章开头规定的原则，只有在前一天的最高点或最低点被击破后，才会出现跳空买入和卖出信号。一些交易人的确会犯严重失误，一旦跳空高开就马上卖空或一旦跳空低开就马上买入，这不是进行跳空交易的正确方法。

跳空交易的核心就在于利用了情绪反应。跳空高开时，有许多交易人是看涨的，一旦价格下跌并跌破前一天最高价，他们就惊慌失措了，这就促使或引发了抛盘以及买空。反之，跳空低开促使买空交易以及恐慌变现后，价格跌破前一天交易范围造成不少交易人平空仓或重新买多。

一两个具体例子有助于透彻说明我的意思，还可以看看本章前面的例子来进一步厘清这个概念。一些交易人觉得通过买强卖弱进行交易有难度。跳空交易方法要求我们两手都要抓。如果跳空低开，我们不能在价格急跌时（或者，这通常被称为"抓住下落的刀子"）买入，而是应该等到市场转向、掉头向上时买强。一些交易人事后看着这种状况说："我知道市场要见底了，想在今天早些时候买入。"这种事后诸葛对我们的交易没用。买强卖弱是非常可靠的方法,虽然有时候和我们的心理和所受的培训相背。

花点时间研究一下图 9-7 和 9-8,分别是跳空卖出建立和启动以及跳空买入建立和启动。

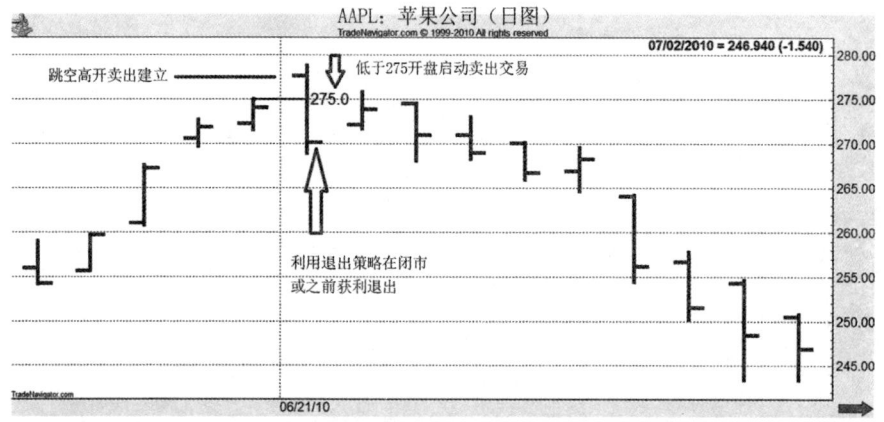

图 9-7　苹果公司（AAPL）跳空高开,且启动卖出

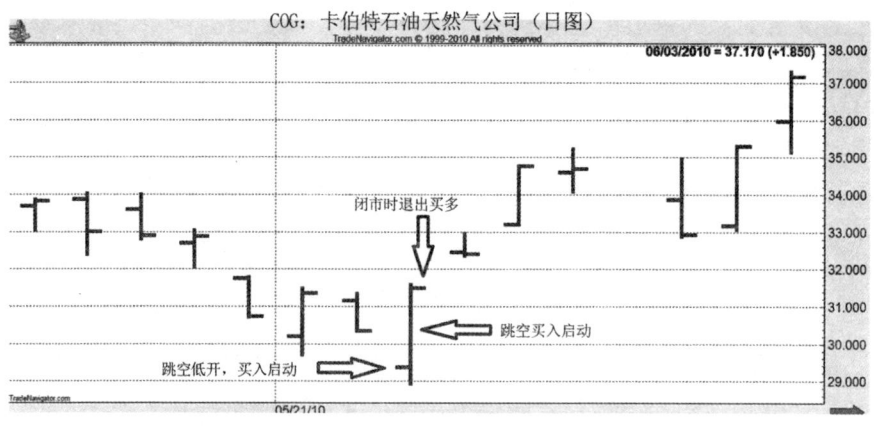

图 9-8　卡伯特石油天然气公司（COG）跳空低开,且启动买入

跳空交易在操作和心理上的基本原理都相对好理解。如果市场跳空

低开，绝大多数交易人则把这看成是下跌信号，预测价格还会下跌，随之就引起更多抛盘，市场就愈下挫。如果卖盘开始乏力（即抛盘压力消退），那么价格就不会再跌。如果市场足够强势的话就能上攻，冲破前一天的最低价，不少交易人就认为这是上涨信号，否定了之前的跳空低开，因此他们就开始买入，价格继续走高。这时就要看多，因为在跳空低开之后的意外上涨，往往巩固上涨幅度。

一旦看多，就要做好两个决定：第一个决定是止损点；第二个是何时获利退出。先说止损，之后谈获利目标。止损点的用法已经重复强调了，我在此再强调一次。开始时，止损点可以设定为下单当天最低价之下几个基点。因此，如果当天的最低点 399，买入是 401.10，那么止损点在 399 之下两个基点，也就是 398.90。止损的另一个方法是严格根据风险管理进行。也就是说，无论最低点是多少，都设定 1 美元的止损。

交易人一般都想用非常小的资金风险进行日内交易止损。但在货币和标普期货这样浮动大的市场上，我不太同意这种方法。我的调查表明，大的止损更好。可惜那些资金有限的交易人无法赞同。例如，我发现在标普期货设置 2500 美元（500 点）的止损要好于 500 美元或 100 点的止损。但遗憾的是，糟糕而真实的现实是，投机人都限制了资金。而另一方面日内交易止损越大，能够进行交易并在闭市前退出获利的可能性就越大。我的广泛研究和交易经验恰恰证实了这一点。

跳空高开而卖出的交易心理

跳空高开而卖出的心理与跳空低开而买入的心理本质上相似，只是在方向上相反。市场跳空高开时，买空的人急于平仓，而想买多的人认为市场强势，支持高开。但如果买盘开始减少，价格就会下跌，一直跌破昨天的最高价。这就会让在开盘走高买入的人以及退出买空的人开始担心。高开买入的人认为顶部已经出现，就积极卖出；而在开盘平空仓的人会重新买空。两队人的卖盘会拉低价格。自然，如果按照原则执行的话，跳空低开买入交易和跳空高开卖出交易都会在闭市时结束。再看看图9-9到9-11跳空交易的例子。

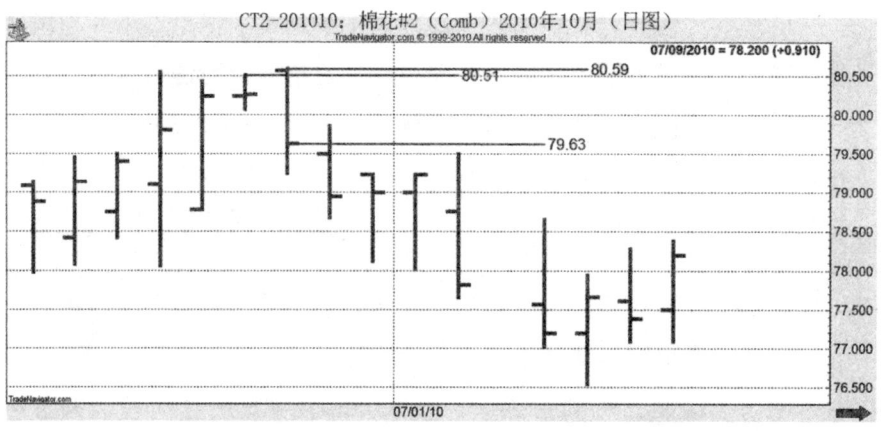

图9-9　棉花交易跳空交易：跳空高开后卖空，在闭市时退出

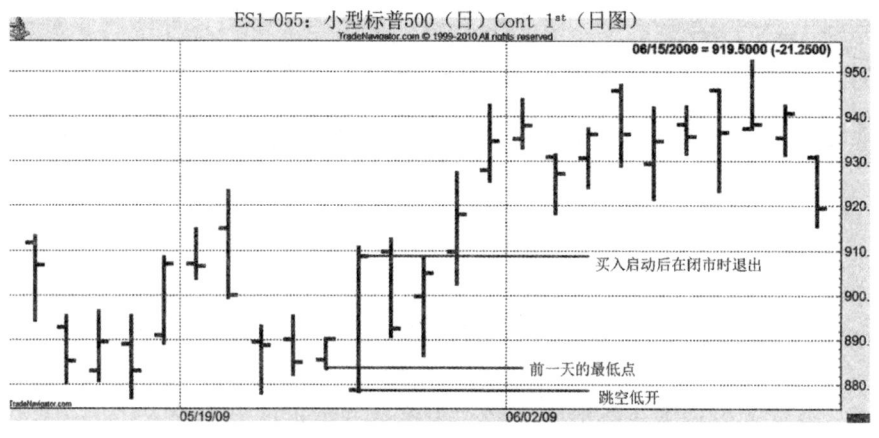

图9-10　小型标普500日期权跳空交易：高开后卖空，在闭市时退出

第9章 利用跳空进行日内交易

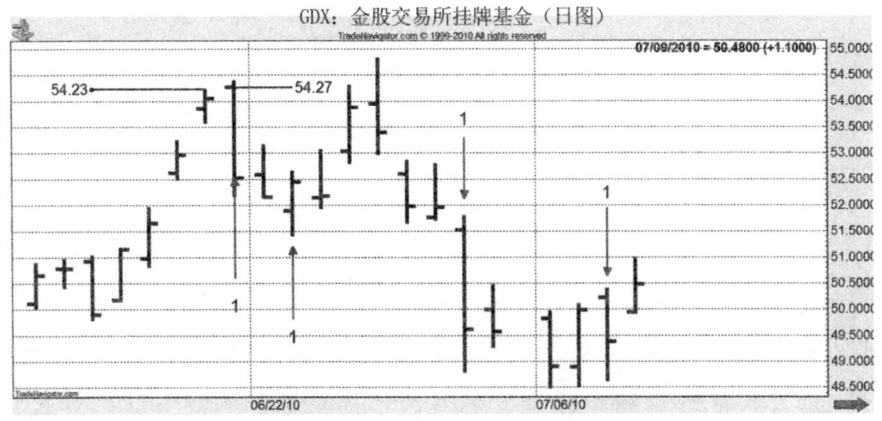

图9-11 金股交易所挂牌基金（GDX）显示了几个跳空交易，第1、2和4笔交易应该在获利目标1或2或闭市时退出（稍后讨论），第3笔交易应该在进入后很快止损退出，当时最低点在买入启动后被跌破

跳空交易的止损和移动止损

跳空低开或高开常常在日帧内出现相当大的波动。专业日内交易人希望把这些信号最大化——不仅有具体的止损点，而且还试图获取最大的利润，而使整个持有风险降低到最小。最后一点再强调其重要性也不为过。如下是针对止损和移动止损的建议：

1. 跳空交易信号出现时，要确定持有的仓位可以带来利润，退出的止损点要足够支付佣金并稍有利润。这样的话，如果市场转向，（大多数情况下）你已经止损退出而不用赔钱。说到移动止损，我建议要开发出自己的程序。如果是资金止损的话，要根据不同的市场而决定。例如小型标普期货市场，200点或100美元是个合理的止损点——实现了收支平衡以及佣金，或者可以稍高点。记住，如果是极短期的日内交易市场，移动止损点甚至应该更接近止损点。

2. 最大化潜在利润而又未提高太大整体风险的方法是多数倍数量股票或合同交易。想想这个程序：最初建仓时别投入一个合约或 100 股，而是两个合约或 200 股。3 个合约或 300 股更好，因为退出仓位的灵活性更大。

3. 假设股市波动对你有利，根据技术操作或美元目标，在既定目标上退出一份合约或三分之一仓位；对剩余仓位设定具体的收支平衡点加上佣金和少量利润的止损点来保护之后的交易；然后在闭市或闭市前不久退出。多倍合约和股份方法集合了两种情形的最好效果（我认为），既能获得利润又能进行交易。

4. 也可利用移动止损。尽管有证据表明移动止损对头寸交易不太有效，但对日内交易并非如此，因为持股时间是非常确定的。如果波动失控对你有利，我建议你用小时或半小时止损跟踪，并将最后半小时的最高值或最低值作为止损点。因此，假设你看多标普跳空交易并买入，而且指数大涨并在日内涨势延长，这时就要跟踪仓位，将止损设置在前半小时（愿意的话，也可是前一个小时）的最低值。如果买空波动剧烈且对你有利，将止损设在前半个小时（或一个小时）的最高值进行跟踪，每个小时调整止损。这样，一旦日内趋势反转，就能迅速退出全部仓位。

5. 除了上面介绍的每小时或半小时移动止损程序，还有考虑使用跟踪执行。买多时，止损点设在最后三个价格条的最低点之下；买空时，设在最后三个价格条的最高值之上。也就是说，如果最后 3 个 5 分钟价格条的低点分别是 34.50 美元、34.20 美元和 33.97 美元，那么买多移动止损点就是最低的 33.97 美元。下一个价格条形成时，有必要的话就要更改止损值。买空时，移动止损就在最后 3 个价格条的最高值之上。记住这些止损点必须铭记在心。利用电子下单平台这样做既容易又迅速。一些单子交易平台还能让你像实际下单那样输入移动止损，一旦仓位实现新的获利高点，电脑会自动更改止损。

6. 还有种办法是用跳空来退出获利交易。如果实现了前一个交易幅度50%的第一个目标，我就退出跳空交易。这时，我会用限价下单获取三分之一的利润，将其余仓位的止损设在最先的买入价格上，把整个风险降为零。

7. 如果这样的话，我就在实现前一天整个波动幅度时再退出三分之一仓位。其余三分之一我才开始设定收支平衡止损跟踪交易。

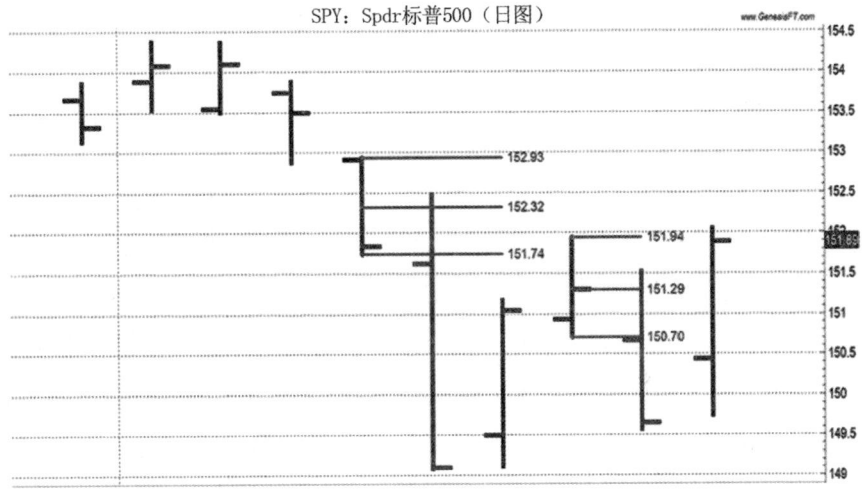

图 9-12　多仓位跳空交易 SPY（Spdr 标普 500）的利润目标水平

跳空交易退出的其他方法

在闭市时仍然有利可图的跳空交易常常会延续的第二天。尽管隔夜持有就不能算是日内交易了，但如果是以 3 的倍数来交易，那就还有一种办法来处理最后的仓位，即在开盘获利（FPO）时退出，图 9-13 显示了这种方法的全过程。

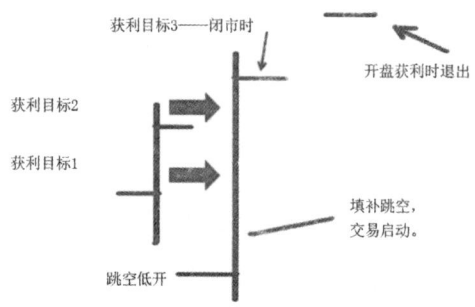

图 9-13 FPO 跳空交易的 3 的倍数退出策略

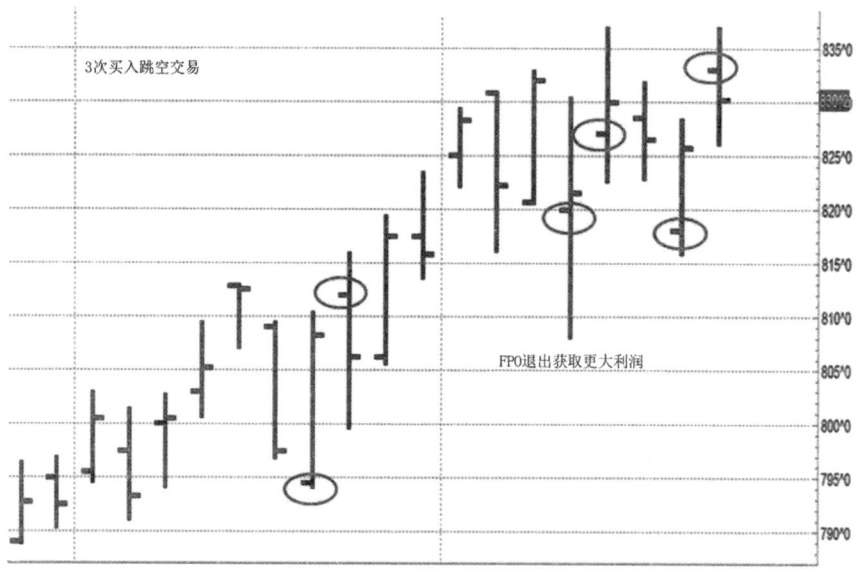

图 9-14 FPO 跳空交易退出

注意：FPO 退出跳空交易不会一直带来更大利润。但如果进行多次仓位操作，那么到闭市时三分之二的仓位（如果亏损大，就应该退出全部仓位，见图 9-15）已经获利退出了。

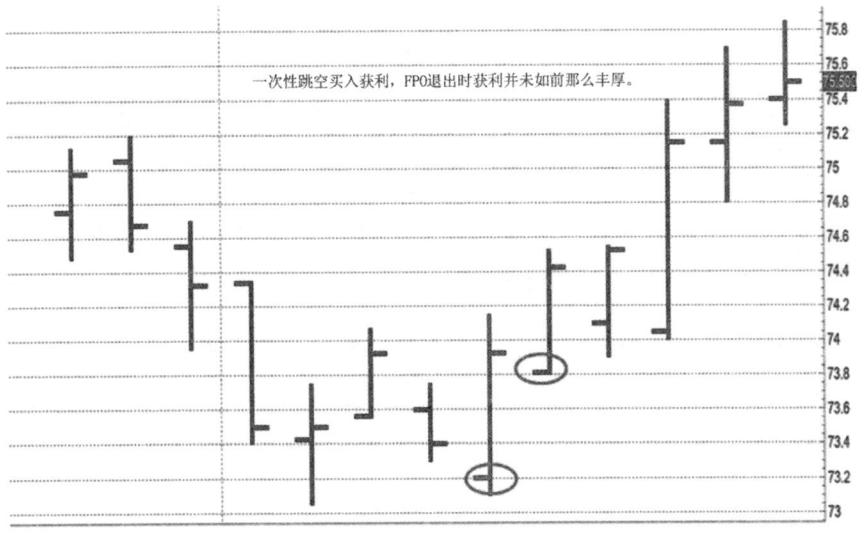

图9-15　FPO退出不会总能带来更多利润

推迟跳空开盘的信号

有时市场会出现幅度很大的跳空高开或低开，跳空的幅度（即前一天最低价或最高价与开盘价的差）不同一般。这时如果是跳空低开的话，市场就会有一个很大的上调；跳空高开的话，就会是巨跌，这时还来不及启动我讲过的第一个跳空开盘（GO）交易，这天的一个重大获利机会可能就溜走了。针对此种情况，我已经开发了推迟跳空开盘（DGO）方法。这种方法意在更快的下单，可以与我讲过的第一个跳空方法结合使用（这样，任何一天就可能有了两个下单信号）。

推迟跳空下跌买入信号

以下是根据推迟跳空低开采取的交易步骤：

1. 将买入止损设在前一天最低价之上的两个基点处，类似于基本的 GO 方法。

2. 如果在交易的第一个小时末，还未选定买入止损（也即如果市场还未启动买多），就要结合当日的开盘价研究当前价。如果交易开始一小时后，当前价高于开盘价两个基点，就要下单买多。重复一次：如果交易开始后一小时时，还未达到传统的买入跳空止损点，就要比较当前价和当日开盘价。如果当前价高于开盘价，就以当前价买入。最初的止损点是一定资金量或买入当日最低价之下几个基点。

3. 如果一小时的当前价低于开盘价，买入止损点就是当前最高值之上两个基点。此外，如果市场开始在预期方向上大幅波动时，还可以保持最初的买入止损，即前一天最低价之上两个基点。

推迟跳空上涨卖出信号

以下是根据推迟跳空高开采取的交易步骤：

1. 第一步与原始的跳空方法（GO）一致，将卖出止损设在前一天最高价之下的两个基点处。

2. 在交易的第一个小时后，查看市场情况：当前价低于开盘价，就将止损点定在一定资金额或当日最高价之上几个基点，按照当前价卖空。

3. 如果市场并未低于开盘价，卖出止损点设在当日最低价之下两个基点处。此外，如果市场开始迅猛下跌，还可以保持第一个卖出止损，即前一天最高价之下两个基点，以便有两个基点卖空。

1 小时等待

1 小时跳空信号（推迟跳空）是在开盘波动很大时能够快速下单的技巧，可能会限制推迟买入跳空或推迟卖出跳空带来的利润。最佳使用时机是市场开盘比前一日最低点有大幅下跌或上涨。最后要记住，使用 DGO 要等上一个小时。我还没遇到过要等其他长度的时间。

跳空技巧的一些思考

我之前说过，跳空技巧是我最钟爱的日内交易方法。这么说是因为我在很多种情况下利用跳空，效果非常好，带来了非常可观的日内交易价格波动。记住下面一点很重要：应用这种方法，首先市场要有很大的日内波动，能够产生利润。我最爱在标普、货币、长期国债、（10 年期）短期国债、原油和稀有金属期货（日数据）市场使用跳空。但这个名单不是固定不变的，要根据市场条件和交易量更改。

历史证明，一些最大的日内价格变动都是在大幅跳空高开或低开后发生的，特别是重大新闻事件和政府报告发出之后。针对跳空，我还会留意跳空前一天的市场方向。我发现如果市场下跌时间过长，而且跳空低开是因为利空消息引起的，那么信号往往会更加准确，而且会提供更多的获利。尽管如此，如果市场处于下跌，出现的利好消息会变成跳空卖出信号，那么跳空高开就会带来大把利润，并且风险相对很低。因此，我强烈建议，要紧密监控市场，注意利空或利好报道之后的跳空开盘。

回顾跳空交易的有效原则和步骤

以下是我认为非常有效的一些跳空交易原则和步骤：

1. 止损退出。

2. 在实现第一个获利目标或浮动达到前一天波动幅度 50% 时退出。

3. 在实现第二个获利目标或浮动达到前一天整个波动幅度时退出。

4. 闭市退出。

5. 或在开盘获利时退出。

以下是多倍合约交易的综合策略：

1. 在获利目标 1 时退出一部分仓位（即如果交易 300 股，则退出 100 股），其余仓位的止损提高到收支平衡点。

2. 利用 MOC（收盘价）限价，在闭市时退出。

3. FPO 退出。

4. 亏损交易必须在闭市时了结。

多加实践

虽然我介绍的技巧都很容易理解和执行，但的确需要实践。使用前，我强烈建议密切观察一些市场，或者找一些价格图，在价格图上标出跳空信号，自己看看这些跳空如何发展而成，准确程度如何。我反复说上面介绍的方法是我最钟爱的一些日内交易方法，我希望你用起来也能得心应手，能不时启动一些重大的价格波动，带来巨大利润。

但要记住，没做过跳空交易，就别利用跳空。可惜的是，太多的交易人未能抓住跳空信号，穿透早都发生过了，因此错失了很多获利机会。如果要利用跳空，千万要一步步来，开盘时仔细观察市场，找到跳空，下单。否则，这种方法对你不管用。

长期趋势中跳空有什么用？对日内交易人来说，这个问题与己无关。可惜，太多的交易人杞人忧天了。人类的大脑不仅要解决问题，而且还试图以滴水见沧海，希冀追索两者关系而预测未来。说句老实话，这种想法是对日内交易人的诅咒。

日内交易人只能放眼今天，万不得琢磨今天的情况会给明天带来什么。

本章讨论的跳空低开和高开信号与明天、后天、大后天市场是否上涨或下跌没有一丝关系。因此，我力荐大家不要试图将跳空仓位保留到第二天，无论当天跳空表现如何神勇。日内交易人就是要建立日内关系，这天过了，关系也就结束了。

跳空幅度和穿透幅度

最后，如果还想深挖开盘跳空，这里还有几个其他变量可以考虑。大家知道，有些价格跳空相对较小，而另一些则很大。在研究跳空交易时，我发现价格跳空较大时，往往能产生更可靠（即更正确）的信号。我还发现，一个基点的穿透没有两个或五个基点的穿透那么可靠。每个市场完美的跳空幅度和穿透幅度，根据市场波动幅度和价格水平都稍有差异，而且随时间而改变。我建议大家仔细观察跳空幅度和穿透幅度的结果。

图9-16列举了一些其他变量，可能在开发自己的跳空交易方法时用得到。

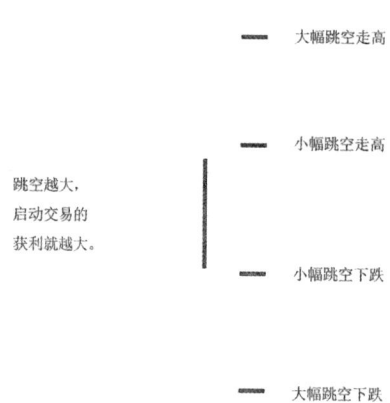

图 9-16　开盘跳空幅度

可能还要考虑跳空交易的启动交易值大小（见图9-17）。如果只是想稍稍穿透前一天交易范围，就要进行多次交易，但这样的正确性不如大幅穿透时高。也就是说，交易次数少了，但正确性一般比较高。如果能够检测到跳空交易的不同变量，我建议按照后一种做法操作，这样就能兼顾跳空幅度和风险，这与你的特殊需要和财力息息相关。

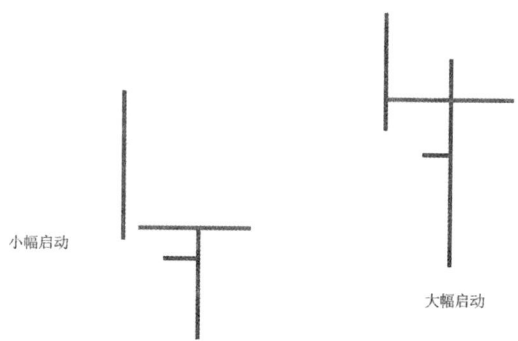

图 9-17　跳空交易启动值大小

第9章 利用跳空进行日内交易

还要考虑到，如果将日内交易持有到第一个获利开盘，准确率和整个利润都会大增。图9-18是历来FPO退出的跳空交易表现。

所有交易总结			
总计			
总净利：	227000美元	获利因子(盈/亏美元)：	1.43
总交易数：	383	盈利比例：	70.0%
平均交易额：	593美元	盈亏付出率(平均盈/亏)：	0.61
平均持仓时间：	2.15 个分析周期	Z-Score (盈/亏可预测率)：	-1.8
平均交易手数/年：	41.0	入场时间比：	33.4%
最大平仓亏损金额：	-54025美元	最大日内浮动亏损：	-54025美元
账户必要规模：	71343 美元	收益比：	318.2%
开盘资金：	0美元	凯利公式最优值：	0.2105
Current Streak:	1次盈利	最优F值：	0.27
盈利交易		**亏损交易**	
盈利交易总次数：	268	亏损交易总次数：	115
总盈利：	754525美元	总亏损：	-527525美元
平均盈利：	2815美元	平均亏损：	-4587美元
最大单笔盈利：	14075 美元	最大单笔亏损：	-8350美元
最大浮动亏损：	-4900美元	最大浮动盈利：	8150美元
平均浮动亏损：	-698美元	平均浮动盈利：	1671美元
累计上涨平均金额：	2929美元	累计上涨平均金额：	1671美元
累计下跌平均金额：	-698美元	累计下跌平均金额	-4929美元
连续盈利最多次数：	29	连续亏损最多次数：	5
平均连续盈利次数：	3.62	平均连续衣柜里次数：	1.58
平均盈利持仓时间：	1.72 个分析周期	平均亏损持仓时间：	3.14 个分析周期

图9-18 FPO退出策略的跳空交易记录

跳空交易的真正依赖

有些系统开发人或推广人会让你误入歧途，向你保证如果遵循他们的交易原则，财富不可限量。事实是极少（如果有的话）有系统能够完全机械地用于市场，而带来滚滚财源。日内交易——无论是利用跳空方法还是其他任何方法，都是一种业务、一项技能，必须从基础学习。我提供的参数和规则都很有价值，而且我认为也有效，但你才是那个为了赚钱而付诸实施的人，而这个，我的朋友，可不能一蹴而就。

我们心知肚明，在通往日内交易获利的路上荆棘遍布，无论你有没有使用跳空或其他任何本书中介绍的方法。因此，你能真正指望的是一开始就发现跳空很有效，如果按照跳空告诉你的去做。可惜的是，有不少时候，你会对自己说"我本该……我应该……我就该……"，事后诸葛于事无补。你必须积极跟踪跳空交易，有一定的理智判断。但是，这么做并不那么容易。有件事我可以保证：熟能生巧。

如果你掌握了这一技巧，在高基点值的活跃市场（即标普、国债）做跳空交易时，实际上在每份合约中平均都能赚几百美金。这是最低的估计，其他的就要看你的技巧；是否愿意做大仓位交易，冒大风险；用本章介绍的一些技巧进入和退出多份合约的技术。

我重申，很多巨大的波动会随更大的跳空高开或低开发生。密切注意市场，跟踪这些跳空，然后当大幅波动发生时，你就万事俱备了。如果未能密切跟踪跳空信号，那就无法抓住大波动。就这么简单。很多日内交易人错过大幅波动就是因为未能跟踪定时指标或系统。如果要跟踪跳空交易，如果已经充分研究了跳空交易，有信心掌握了，那就要千方百计充分利用。

简要总结止损指令

有些人反对用止损买单或止损卖单进行跳空交易或风险管理，也有人怀疑限价指令，认为市场有意外举动时，会被踢出交易。虽然这些情况时有发生，但我的确认为这些都是意外，不是一贯情况。在交易量很小的市场，可能不会用到这些指令，但指令非常活跃的市场，我觉得用这些止损指令没有问题。但，如果你仍然怀疑、害怕交易所，我强烈建议要么用限价止损要么就别下单，大胆设想市场将直接冲过你的价格，下单并未成交。

考虑一下用交易所认可的限价订单，它们非常有效。记住，有时限价订单不会成交，因此，你可能无法建仓。绝大多数时候，限价订单对你有利。但如果发现因为市场变化迅速，限价订单无法成交，还要保持订单有效。有时市场会下调到你的价格，订单就成交了。用止损订单的风险就是订单无法成交，如果限价止损订单让你不安的话，你就应该抓住机会试试。

结论

以下是一些跳空交易的总结：

1. 跳空交易可能是油水很大的工具。
2. 必须时刻利用止损。
3. 尽可能将止损改为收支平衡。
4. 实现前一天交易幅度 50% 的利润时，就要套现和/或更改止损。
5. 进行多倍数仓位交易，以期最佳效果。
6. 3 或 4 的倍数（例如，3 份合约或 300 股）交易量是最好的。

第 10 章　利用八开八收法

价格关系多种多样，能带来获利交易，也能让你陷入绝境。所有日内交易日人的目标——或许也是他们的希望，就是找到并实施能带来利润的交易形态，或是交易结构里的形态能带来利润。K线图越来越受欢迎就表示大家在努力利用价格关系带来利润。我对使用K线图的最大担忧在于尽管其中包含很多形态，但很少有资料说明该如何利用这些形态，或K线图形态如何应对。没有利润最大化策略和止损，这些形态对我毫无用处。

一提到价格形态和价格关系，我发现任何时帧内的开盘价和收盘价之间的关系都蕴含着重大信息，然后转变成一个指标，而这个指标就可以用在结构程序中。我发现开盘价和收盘价关系非常重要，根据买卖盘数量差，可以向我透露出市场隐含的力量强弱。理论上说，在上涨市场，买家愿意出高价，而且在任何时帧内出价越来越高；如果市场下跌，卖家愿意低价抛盘，而且价格越来越低，而买家往往躲开市场，不愿支撑价格。因此，我们认为开、收盘价的关系在趋势既定情况下，非常容易预测，而且很有效。图10-1中，市场上行，数据表明了收盘价高于开盘价的时间比例。

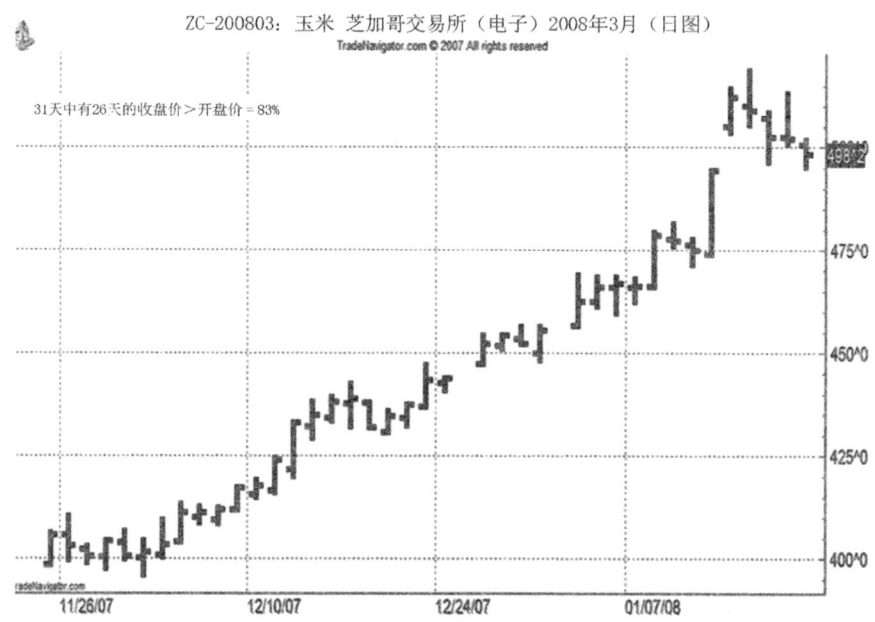

图 10-1　玉米日图显示，在上涨趋势中 C>O（日收盘价大于日开盘价）

图 10-2 中是下跌趋势中两者的关系，我用了谷歌（GOOG）的日图。

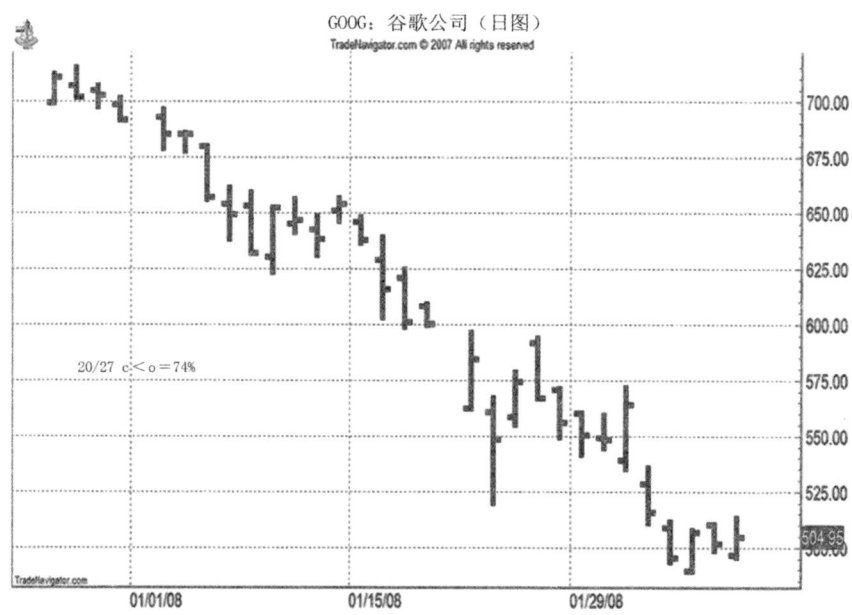

图 10-2　谷歌下跌的 27 天中，其中有 20 天，也就是 74% 的时间收盘价低于开盘价

第10章 利用八开八收法

日内交易数据和周数据中也能发现类似的关系。假设这种关系有一定的稳定性，且我们可以客观利用，那么就可以以此为基础，形成一种交易方法。

八开八收法工作原理

要利用这种关系，我会用到两个移动均线，一个是开盘价均线，一个是收盘价均线，任何时帧的价格都可以。也就是说，如果我看的是谷歌的日图，我就用八个开盘价的移动均线和八个收收盘价的移动均线，即八开八收（八个OC）法。这样就有了图10-3。

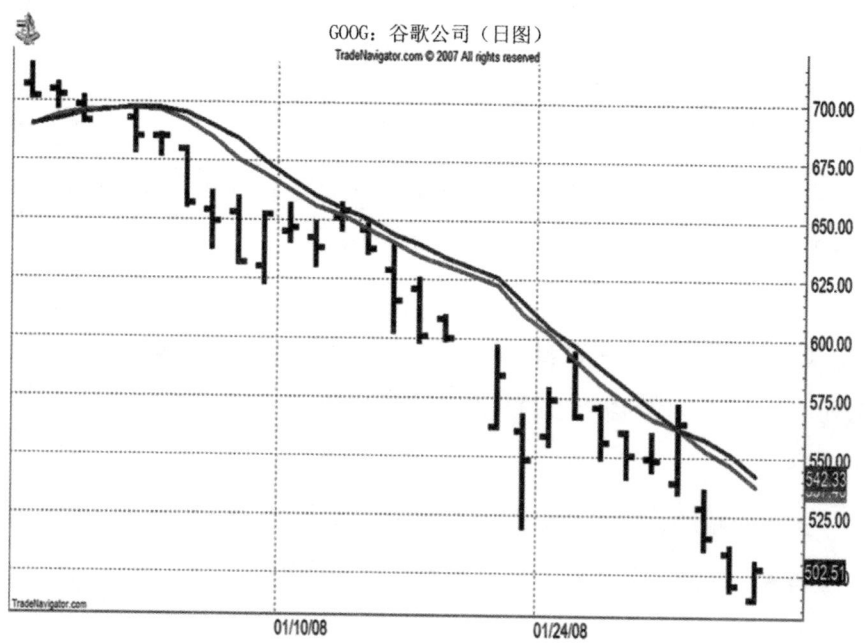

图10-3　8个收盘价移动均线和8个开收盘价移动均线（8个OC），注意观察下跌趋势开始强劲表现的时候，8个收盘价移动均线落在8个开收盘价移动均线之下，且在下跌过程中保持这种状态

我发现这种关系实际上在所有时帧内都有效。再看看图 10-4 中 30 分钟罗素指数图里的 8 个收盘价移动均线和 8 个开收盘价移动均线。

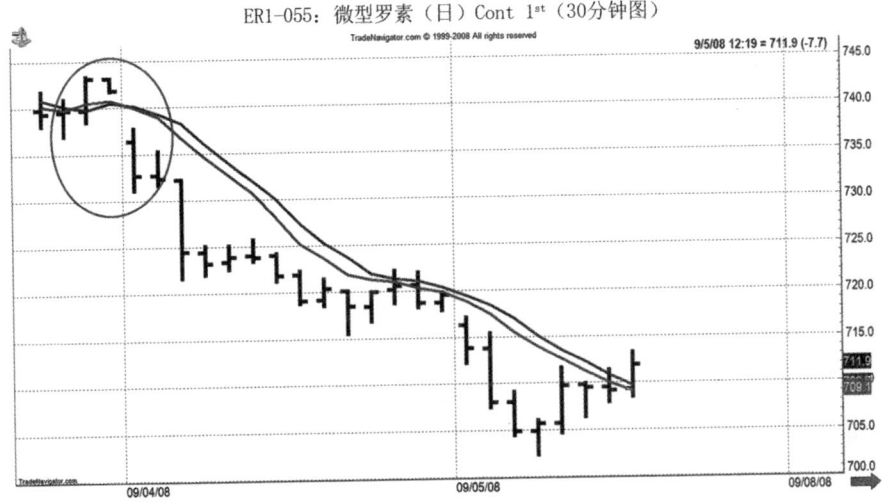

图 10-4　30 分钟微型罗素指数图，收盘价移动均线落在开收盘价移动均线之下，且在下跌过程中保持这种走向，画圈的部分是交叉点

我还发现这种关系在日内股市交易图上也有效。请看图 10-5 康宁公司（GLW）30 分钟图上的八开收移动均线。

关键问题是这种方法可否用于日内交易。
请看以下我为应用这种概念开发出来的用法：

第 10 章 利用八开八收法

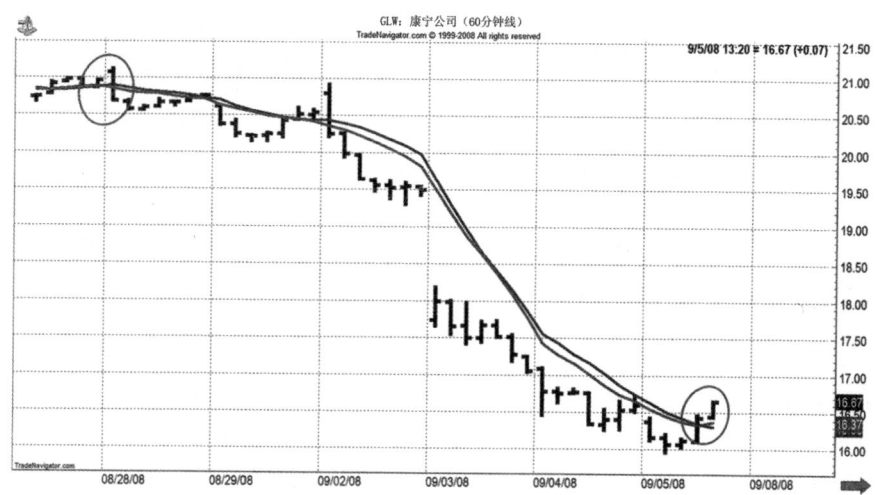

图 10-5 GLW 的 30 分钟图，八开收移动均线两次相交

1. 如果八个收盘价移动均线与八个开盘价移动均线相交后上行，就可以建立买入点；

2. 如果下一个价格条的最高价穿透建立点最高价，就可以启动买入；

3. 如果八个收盘价移动均线与八个开盘价移动均线相交后下行，就可以建立卖出点；

4. 如果下一个价格条的最低价穿透建立点最低价，就可以启动卖出；

5. 一般情况下，买入后的第五个价格条就应该有进账；

6. 获利目标往往相当于启动点前 10 个价格条波动幅度最大的一个；

7. 启动点前 10 个价格条中的最大波动幅度可作为第一个止损；

8. 如果不到 5 个价格条就实现了第一个获利目标，则退出部分仓位，进行移动止损，并设定收支平衡止损；

9. 如果到第 5 个价格条还没有实现盈利，就要考虑退出，因为这种方法非常敏感，应该在第五个价格条时有盈利；

10. 如果在第 5 个价格条结束时盈利，部分套现，并实行移动止损。

我会举几个例子说明这个过程。记住，这不是系统，仅仅是个方法，而且是针对日内交易，在交易段结束时退出就要做一定的调整。知道了这一点，我们再来看看一些更详细的例子。

本书提出的很多概念，辅以图例解释，对理解信号、进入和退出的执行和配置，是极其有帮助的。图 10-6 是用 8OC 法进行建立、启动和跟踪。

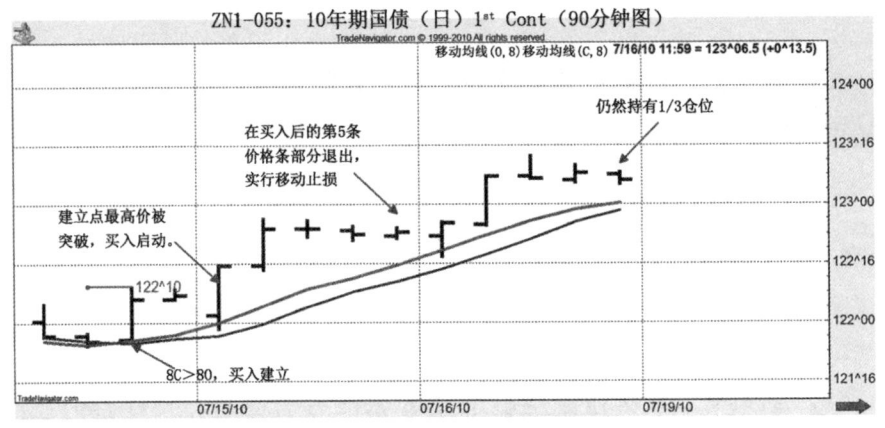

图 10-6 利用八 OC 法建立、启动和跟踪的逐一步骤

8OC 法的另一个用法

开盘和收盘价之间的关系非常稳定，特别是上涨或下跌趋势明确之后。剩下的问题就是：水平整理或普遍称的锯齿状波动时，这种方法效果如何。根据我的经验，如果坚持等到启动点再入市，那

么 8OC 就能够让你在起伏不定的市场安然无恙。另一个降低损失或平稳度过锯齿状市场办法是，等到 8OC 经过连续三次亏损后，再开始使用。另外，还要针对市场选择使用 8OC 法。在股市，找那些交易量大、曾经表现出利用这种方法有稳定正确率的股票；期货合约也是这样。我倾向于选日交易量大约有 500 万股或更多的股票，以及日合约量至少有 5000 份的期货品种。此外，别在交易幅度很小的市场使用 8OC 法。交易幅度小就表示任一价格条的开盘收盘差价很小，这样 8 个收盘价移动均线和 8 个收盘价移动均线频繁交替在上，会传递错误信号。

图 10-7 和 10-8 是欧元期货的 8OC 关系。

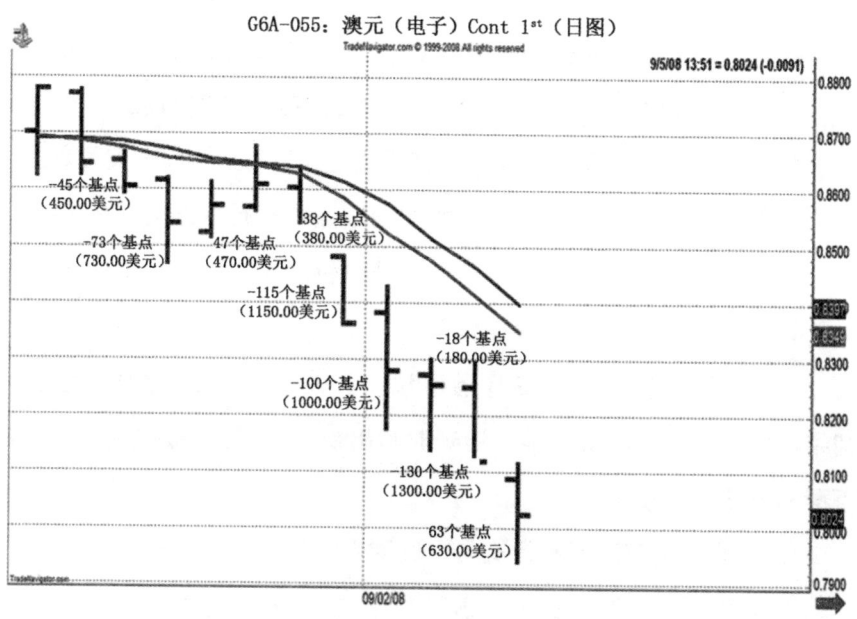

图 10-7　8 个收盘价移动均线低于 8 个开盘价移动均线时，闭市即卖出开盘时买入的所有仓位

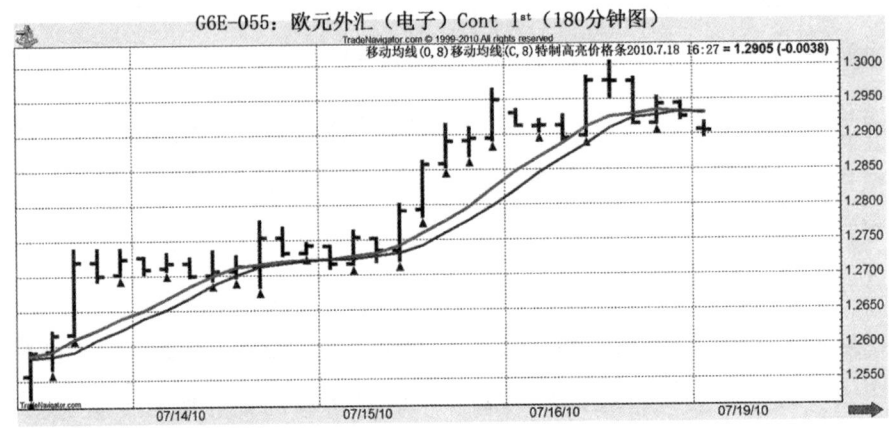

图 10-8 欧元期货的日内 180 分钟图，8 个收盘价移动均线大于 8 个开盘价移动均线，带三角点的价格条是收盘价高于开盘价，大多数的大波动价格条都是收盘价大过开盘价，因此都是赚钱机会

根据 8 个收盘价和 8 个开盘价均线的关系，日内交易程序非常浅显：

1. 8 个收盘价均线高于 8 个开盘价均线，趋势则确定向上；
2. 既然趋势向上，简单的日内交易就是开盘买入，同一天收盘退出；
3. 现金止损量设定为前一天的波动幅度，则可保万无一失；
4. 如果八个收盘价均线低于 8 个开盘价均线，则反向操作；
5. 对日内价格条也同样操作。

本章末尾，我给大家提几条建议，在使用 8OC 法时可能会有用。如果市场做水平运动时，错误信号时常出现。为了避免这个问题，考虑下面的方案，加以甄别：

1. 波动幅度窄时不进行交易，此时两条均线频繁相交；
2. 等到股票或商品经过连续三次亏损，这有助于躲过亏损；

坚持。一旦在一个市场的某一时帧内开始使用 8OC 法，贯彻到底，做完交易。

第 11 章 利润最大化策略

无论运用何种方法做日内交易,最终获利结果完全依赖于利润最大化策略。日内交易的显见事实是——实际上几乎所有交易都是这样,80%到90%的利润是由10%到20%的交易带来的。知道了这个事实,就能断定这获利的10%到20%的交易必须大得足以在支付损失、佣金和成本后,还能剩下钱。交易人赚了无数蝇头小利,又赔了无数针头线脑,最后一算,不赔不赚,这种情况并非少见。

大家各抒己见、各显神通后,最终获利还是要落到能够大捞一笔的那些交易上。除非能保持非常高的准确率、损失很小,而且小有收获的交易多过稍有亏损的交易,否则交易只能是竹篮打水。

一直有交易人联系我,抱怨说:"我的交易很准确,经常能连续做15或20笔赚钱交易,但下一笔就是个大跟头,几乎把前面那些交易的利润一扫而光。我该怎么办?"答案很简单,但道路是崎岖的。答案显然就是必须赚更多的钱,因为小亏小赚最终都平衡了,等于劳而无功。

这就是日内交易的现实,归根到底也是所有交易和投资的现实。大利润才能一锤定音。日内交易人处于特别不利的境地,因为从定义上就能明白,日内交易就限制了持股时间,必须在闭市时退出。大多数的交易方法都是在一天内进出多次。因此，严守日内交易原则就意味着限制获利，因为闭市要退出。

本章就是要介绍我多年来研究出来的一些利润最大化策略。当然，这不能保证你就能最大化利润，但这是利润最大号的好起点（有时是终点）。记住我们的交易模型：建立、启动和跟进。前几章中了我讲了很多建立、启动和跟进的内容，现在就要更具体地介绍多种利润最大化策略。

为了讲得尽量清楚，本章会举不少例子。因为我们要根据图上的内容讲解，我敦促大家仔细研究本章的图，才能理解这里讲的利润最大化策略。

高止损值的重要性

我们不少人学的是要想交易成功，就要设定低止损值。我认为这只是另一个流行的交易法。止损点用起来要简单、可检测、并确定。高止损值显然比低止损值效果好。用高止损值可以提高整体获利能力和整体准确率，而且很多时候实际上降低了损失。下面几段里，我会用一些例子向大家明明白白地说明这一点。

我用的程序也很简单。我研发了一种标普期货交易系统，然后用很多不同的止损水平来检测，如图 11-1 到 11-6 所示。显而易见，随着止损值的提高，系统数据增长很快，从低正确率和低获利（如图 11-1 所示）到非常高的正确率。

从图 11-1 到图 11-6（箭头所指处）中的盈利比率演变过程中可以看出，正确率在提高，最大连续盈利次数在提高，最大连续亏损次数在降低，每笔交易的平均利润在提高。最后，如图 11-6 所示，不设止

第 11 章 利润最大化策略

损点的表现最好。这就产生了止损是否有用的疑问。但从根本说，发生意外时，止损是必需的。因此，我们交易任何系统都不能不设止损，无论您历史数据表明不设的效果能有多好。

总计		500 美元的止损点	
总净利：	77040美元	获利因子(盈/亏美元)：	2.21
总交易数：	218	盈利比例：	45.9%
平均交易额：	353 美元	盈余付出率(平均盈/亏)：	2.61
平均持仓时间：	9.34 个分析周期	Z-Score (盈/亏可预测率)：	-1.9
平均交易手数/年：	10.1	入场时间比：	37.1%
最大平仓亏损金额：	-6610美元	最大日内浮动亏损：	-6670美元
账户必要规模：	8333 美元	收益比：	924.5%
开盘资金：	1150美元	凯利公式最优值：	0.2514
Current Streak：	3次盈利	最优F值：	0.43
盈利交易		**亏损交易**	
盈利交易总次数：	100	亏损交易总次数：	118
总盈利：	140590美元	总亏损：	-63550美元
平均盈利：	1406美元	平均亏损：	-539美元
最大单笔盈利：	10690 美元	最大单笔亏损：	-1660美元
最大浮动亏损：	-510美元	最大浮动盈利：	2550美元
平均浮动亏损：	-151美元	平均浮动盈利：	319美元
累计上涨平均金额：	2879美元	累计上涨平均金额：	319美元
累计下跌平均金额：	-151美元	累计下跌平均金额	-544美元
连续盈利最多次数：	7	连续亏损最多次数：	9
平均连续盈利次数：	2.08	平均连续亏损次数：	2.51
平均盈利持仓时间：	17.78 个分析周期	平均亏损持仓时间：	2.19 个分析周期

图 11-1 标普系统 500 美元止损，以往记录显示，此系统 500 美元的止损是盈利的，而准确率较低，连续亏损交易比连续盈利交易多，虽然这样的止损能带来盈利，但连续亏损的交易数量会令交易人沮丧，丧失斗志，甚至在连续六次亏损后就放弃交易了。

总计		1000 美元的止损点	
总净利：	87040美元	获利因子(盈/亏美元)：	2.11
总交易数：	200	盈利比例：	59.59%
平均交易额：	436美元	盈余付出率(平均盈/亏)：	1.44
平均持仓时间：	12.36 个分析周期	Z-Score (盈/亏可预测率)：	-1.5
平均交易手数/年：	9.3	入场时间比：	45.0%
最大平仓亏损金额：	-6200美元	最大日内浮动亏损：	-6380美元
账户必要规模：	8043 美元	收益比：	1083.4%
开盘资金：	1150美元	凯利公式最优值：	0.3128
Current Streak：	7次盈利	最优F值：	0.32

盈利交易		亏损交易	
盈利交易总次数：	119	亏损交易总次数：	81
总盈利：	165730美元	总亏损：	-78590美元
平均盈利：	1393美元	平均亏损：	-970美元
最大单笔盈利：	11380 美元	最大单笔亏损：	-1660美元
最大浮动亏损：	-1010美元	最大浮动盈利：	2550美元
平均浮动亏损：	-270美元	平均浮动盈利：	399美元
累计上涨平均金额：	2850美元	累计上涨平均金额：	399美元
累计下跌平均金额：	-270美元	累计下跌平均金额：	-985美元
连续盈利最多次数：	7	连续亏损最多次数：	5
平均连续盈利次数：	2.70	平均连续衣柜里次数：	1.88
平均盈利持仓时间：	17.93 个分析周期	平均亏损持仓时间：	4.16个分析周期

图 11-2 标普系统 1000 美元止损，系统与图 11-1 相同，只是止损变大了，随之获利交易高达近 60%，每笔交易的平均利润提高，净盈利总值提高，连续盈利多于连续亏损，显然，随着止损提高，系统盈利更多，更让一般交易人高兴

第 11 章 利润最大化策略

总计		1500 美元的止损点	
总净利：	93420美元	获利因子(盈/亏美元)：	2.20
总交易数：	188	盈利比例：	67.0%
平均交易额：	497美元	盈余付出率(平均盈/亏)：	1.08
平均持仓时间：	14.43 个分析周期	Z-Score (盈/亏可预测率)：	-1.4
平均交易手数/年：	8.7	入场时间比：	49.4%
最大平仓亏损金额：	-8510美元	最大日内浮动亏损	-9130美元
账户必要规模：	10793 美元	收益比：	865.6%
开盘资金：	1150美元	凯利公式最优值：	0.3655
Current Streak：	8次盈利	最优F值：	0.30

盈利交易		亏损交易	
盈利交易总次数：	126	亏损交易总次数：	62
总盈利：	171290美元	总亏损：	-77870美元
平均盈利：	1359美元	平均亏损：	-1256美元
最大单笔盈利：	11380 美元	最大单笔亏损	-1660美元
最大浮动亏损：	-1450美元	最大浮动盈利：	2550美元
平均浮动亏损：	-378美元	平均浮动盈利：	469美元
累计上涨平均金额：	2834美元	累计上涨平均金额：	469美元
累计下跌平均金额：	-378美元	累计下跌平均金额：	-1318美元
连续盈利最多次数：	10	连续亏损最多次数：	5
平均连续盈利次数：	3.32	平均连续衣柜里次数：	1.68
平均盈利持仓时间：	18.81 个分析周期	平均亏损持仓时间：	5.52 个分析周期

图 11-3 标普系统 1500 美元止损，这时系统更亮眼，正确率高达 67%，净利润总值、最大连续获利次数和平均盈利提高，可以看出，提高止损能极大改善交易成果

总计		2000美元的止损点	
总净利：	89230美元	获利因子(盈/亏美元)：	2.06
总交易数：	184	盈利比例：	69.6%
平均交易额：	485美元	盈余付出率(平均盈/亏)：	0.90
平均持仓时间：	15.76个分析周期	Z-Score (盈/亏可预测率)：	-0.9
平均交易手数/年：	8.5	入场时间比：	52.8%
最大平仓亏损金额：	-11510美元	最大日内浮动亏损：	-12070美元
账户必要规模：	13733 美元	收益比：	649.7%
开盘资金：	1150美元	凯利公式最优值：	0.3577
Current Streak：	8次盈利	最优F值：	0.32
盈利交易		亏损交易	
盈利交易总次数：	128	亏损交易总次数：	56
总盈利：	173530美元	总亏损：	-84300美元
平均盈利：	1356美元	平均亏损：	-1505美元
最大单笔盈利：	11030 美元	最大单笔亏损：	-2190美元
最大浮动亏损：	-1990美元	最大浮动盈利：	2550美元
平均浮动亏损：	-429美元	平均浮动盈利：	482美元
累计上涨平均金额：	2844美元	累计上涨平均金额：	482美元
累计下跌平均金额：	-429美元	累计下跌平均金额	-1565美元
连续盈利最多次数：	12	连续亏损最多次数：	5
平均连续盈利次数：	3.46	平均连续衣柜里次数：	1.56
平均盈利持仓时间：	19.49 个分析周期	平均亏损持仓时间：	7.23 个分析周期

图11-4 标普系统2000美元止损，止损提高到2000，交易表现只是稍有改善，但改善的趋势一目了然

第 11 章 利润最大化策略

总计		2600 美元的止损点	
总净利：	117470美元	获利因子(盈/亏美元)：	2.98
总交易数：	172	盈利比例：	76.7%
平均交易额：	683美元	盈余付出率(平均盈/亏)：	0.90
平均持仓时间：	17.77个分析周期	Z-Score (盈/亏可预测率)：	-1.1
平均交易手数/年：	8.0	入场时间比：	55.7%
最大平仓亏损金额：	-6380美元	最大日内浮动亏损：	-7390美元
账户必要规模：	9053 美元	收益比：	1297.6%
开盘资金：	1150美元	凯利公式最优值：	0.5098
Current Streak:	8次盈利	最优F值：	0.57
盈利交易		亏损交易	
盈利交易总次数：	132	亏损交易总次数：	40
总盈利：	176840美元	总亏损：	-59370美元
平均盈利：	1340美元	平均亏损：	-1484美元
最大单笔盈利：	11030 美元	最大单笔亏损：	-2780美元
最大浮动亏损：	-2700美元	最大浮动盈利：	2550美元
平均浮动亏损：	-559美元	平均浮动盈利：	535美元
累计上涨平均金额：	2813美元	累计上涨平均金额：	535美元
累计下跌平均金额：	-559美元	累计下跌平均金额：	-1666美元
连续盈利最多次数：	16	连续亏损最多次数：	3
平均连续盈利次数：	4.55	平均连续衣柜里次数：	1.43
平均盈利持仓时间：	20.23 个分析周期	平均亏损持仓时间：	9.65 个分析周期

图 11-5 标普系统 2600 美元止损，这次提高到 2600 美元效果明显，正确率跃升到近 77%，而且净利总值、最大连续盈利次数和平均利润提升都很大，有了这种让人艳羡的表现，交易人就更有可能坚守系统，因为系统成效不错，从而也增强了交易人对系统的固守、信心、忠诚度

总计		无止损	
总净利:	124100美元	获利因子(盈/亏美元):	3.4
总交易数:	165	盈利比例:	78.8%
平均交易额:	752美元	盈余付出率(平均盈/亏)	0.92
平均持仓时间:	19.47个分析周期	Z-Score(盈/亏可预测率):	-1.1
平均交易手数/年:	7.6	入场时间比:	58.5%
最大平仓亏损金额:	-9270美元	最大日内浮动亏损:	-11400美元
账户必要规模:	13063 美元	收益比:	950.0%
开盘资金:	1150美元	凯利公式最优值:	0.5563
Current Streak:	12次盈利	最优F值:	0.88
盈利交易		亏损交易	
盈利交易总次数:	130	亏损交易总次数:	35
总盈利:	175750美元	总亏损:	-51650美元
平均盈利:	1352美元	平均亏损:	-1476美元
最大单笔盈利:	11030 美元	最大单笔亏损:	-7900美元
最大浮动亏损:	-3650美元	最大浮动盈利:	2550美元
平均浮动亏损:	-639美元	平均浮动盈利:	538美元
累计上涨平均金额:	2801美元	累计上涨平均金额:	538美元
累计下跌平均金额:	-639美元	累计下跌平均金额:	-1746美元
连续盈利最多次数:	16	连续亏损最多次数:	3
平均连续盈利次数:	5.00	平均连续衣柜里次数:	1.40
平均盈利持仓时间:	21.55 个分析周期	平均亏损持仓时间:	11.74 个分析周期

图11-6 标普系统无止损，进一步调查发现，完全抛弃止损并不能使整个效果有很大改观，只比2600美元有更好表现，这就是说，2600美元的止损是测试时期的最佳止损水平，但注意，这并不是说，将来市场波动增大后，2600止损还能有精彩表现

下面一系列测试也是相似结果。这些测试都没有用资金止损，而使用了买入价的一定比例值作为止损，为什么弃前取后？市场波动——特别是20世纪90年代中期以来就非常剧烈。货币期货里1000美元的止损在80年代还显得有点多，而到了21世纪初十年间就不够了，因为日

第 11 章 利润最大化策略

内价格波动普遍很大。无论是用一定现金量止损,还是用一定百分比止损,结果是类似的。图 11-7 到 11-10 显示出了整体结果和数据表现逐渐改善(就像图 11-1 到 11-6 一样),但注意止损值逐步降低。

所有交易总述			
总计			
总净利:	76731美元	获利因子(盈/亏美元):	3.42
总交易数:	91	盈利比例:	73.6%
平均交易额:	843美元	盈余付出率(平均盈/亏):	1.23
平均持仓时间:	14.25个分析周期	Z-Score(盈/亏可预测率):	-0.2
平均交易手数/年:	14.9	入场时间比:	71.7%
最大平仓亏损金额:	-5113美元	最大日内浮动亏损:	-7539美元
账户必要规模:	7539 美元	收益比:	1017.8%
开盘资金:	0美元	凯利公式最优值:	0.5210
Current Streak:	8次盈利	最优F值:	0.72
盈利交易		亏损交易	
盈利交易总次数:	67	亏损交易总次数:	24
总盈利:	108424美元	总亏损:	-31693美元
平均盈利:	1618美元	平均亏损:	-1321美元
最大单笔盈利:	15756 美元	最大单笔亏损:	-4651美元
最大浮动亏损:	-4354美元	最大浮动盈利:	1209美元
平均浮动亏损:	-847美元	平均浮动盈利:	458美元
累计上涨平均金额:	3421美元	累计上涨平均金额:	458美元
累计下跌平均金额:	-847美元	累计下跌平均金额:	-1703美元
连续盈利最多次数:	12	连续亏损最多次数:	3
平均连续盈利次数:	3.72	平均连续衣柜里次数:	1.41
平均盈利持仓时间:	16.85 个分析周期	平均亏损持仓时间:	7.00 个分析周期

图 11-7 4%的止损,就市场波动来说,用百分比止损比用一定资金额更有效,例如,4%的止损在黄金每盎司 400 美元时的效果就与在每盎司 1800 美元时大有不同,而且更有经济效应

所有交易总述			
总计			
总净利:	68883美元	获利因子(盈/亏美元):	2.76
总交易数:	93	盈利比例:	72.0%
平均交易额:	741美元	盈余/付出率(平均盈/亏)	1.07
平均持仓时间:	13.74个分析周期	Z-Score (盈/亏可预测率):	-0.2
平均交易手数/年:	15.2	入场时间比:	71.6%
最大平仓亏损金额:	-8376美元	最大日内浮动亏损:	-9783美元
账户必要规模:	9783 美元	收益比:	704.1%
开盘资金:	0美元	凯利公式最优值:	0.4594
Current Streak:	8次盈利	最优F值:	0.53
盈利交易		**亏损交易**	
盈利交易总次数:	67	亏损交易总次数:	26
总盈利:	108.033美元	总亏损:	-39151美元
平均盈利:	1612美元	平均亏损:	-1506美元
最大单笔盈利:	15756 美元	最大单笔亏损:	-3588美元
最大浮动亏损:	-3010美元	最大浮动盈利:	1209美元
平均浮动亏损:	-788美元	平均浮动盈利:	438美元
累计上涨平均金额:	3484美元	累计上涨平均金额:	438美元
累计下跌平均金额:	-788美元	累计下跌平均金额:	-1720美元
连续盈利最多次数:	12	连续亏损最多次数:	3
平均连续盈利次数:	3.53	平均连续亏损次数:	1.44
平均盈利持仓时间:	17.04个分析周期	平均亏损持仓时间:	5.23个分析周期

图 11-8 3%的止损，止损从4%降低为3%，整体效果有所下降，显然这是说，止损增大到一定程度，能够提高系统整体表现

第 11 章 利润最大化策略

所有交易总述			
总计			
总净利:	69331美元	获利因子(盈/亏美元):	2.85
总交易数:	95	盈利比例:	69.5%
平均交易额:	730美元	盈余/付出率(平均盈/亏):	1.25
平均持仓时间:	12.59个分析周期	Z-Score(盈/亏可预测率):	-0.1
平均交易手数/年:	15.5	入场时间比:	66.1%
最大平仓亏损金额:	-7266美元	最大日内浮动亏损:	-7649美元
账户必要规模:	7649 美元	收益比:	906.4%
开盘资金:	0美元	凯利公式最优值:	0.4510
Current Streak:	8次盈利	最优F值:	0.47
盈利交易		**亏损交易**	
盈利交易总次数:	66	亏损交易总次数:	29
总盈利:	106793美元	总亏损:	-37462美元
平均盈利:	1618美元	平均亏损:	-1292美元
最大单笔盈利:	15756 美元	最大单笔亏损:	-2401美元
最大浮动亏损:	-2463美元	最大浮动盈利:	1209美元
平均浮动亏损:	-694美元	平均浮动盈利:	467美元
累计上涨平均金额:	3472美元	累计上涨平均金额:	467美元
累计下跌平均金额:	-694美元	累计下跌平均金额	-1447美元
连续盈利最多次数:	12	连续亏损最多次数:	3
平均连续盈利次数:	3.14	平均连续亏损次数:	1.45
平均盈利持仓时间:	16.00个分析周期	平均亏损持仓时间:	4.83个分析周期

图11-9 2%的止损,止损降低,成绩再次恶化,验证了我们所发现的在交易发展和应用中的一个观点

所有交易总述			
总计			
总净利：	51991美元	获利因子(盈/亏美元)：	2.04
总交易数：	115	盈利比例：	53.9%
平均交易额：	452美元	盈余付出率(平均盈/亏)：	1.74
平均持仓时间：	9.57个分析周期	Z-Score (盈/亏可预测率)：	-0.5
平均交易手数/年：	18.8	入场时间比：	60.8%
最大平仓亏损金额：	-7711美元	最大日内浮动亏损：	-7939美元
账户必要规模：	7939 美元	收益比：	654.8%
开盘资金：	0美元	凯利公式最优值：	0.2748
Current Streak：	2次亏损	最优F值：	0.23
盈利交易		亏损交易	
盈利交易总次数：	62	亏损交易总次数：	53
总盈利：	102005美元	总亏损：	-50014美元
平均盈利：	1645美元	平均亏损：	-944美元
最大单笔盈利：	15756 美元	最大单笔亏损：	-1307美元
最大浮动亏损：	-1104美元	最大浮动盈利：	1584美元
平均浮动亏损：	-419美元	平均浮动盈利：	511美元
累计上涨平均金额：	3511美元	累计上涨平均金额：	511美元
累计下跌平均金额：	-419美元	累计下跌平均金额：	-1007美元
连续盈利最多次数：	8	连续亏损最多次数：	7
平均连续盈利次数：	2.30	平均连续亏损次数：	1.89
平均盈利持仓时间：	15.58个分析周期	平均亏损持仓时间：	2.53个分析周期

图11-10 1%的止损，止损降低，成绩极度恶化，再次验证止损越大，效果越好

图11-11到11-14表现的是止损逐步提高到一个交易人可以接受的程度时，交易结果的变换。

第11章 利润最大化策略

所有交易总述			
总计			
总净利:	34367美元	获利因子(盈/亏美元):	1.65
总交易数:	143	盈利比例:	35.0%
平均交易额:	240美元	盈亏付出率(平均盈/亏):	3.08
平均持仓时间:	5.99个分析周期	Z-Score(盈/亏可预测率):	-1.2
平均交易手数/年:	23.4	入场时间比:	47.3%
最大平仓亏损金额:	-8543美元	最大日内浮动亏损:	8615美元
账户必要规模:	8615美元	收益比:	398.9%
开盘资金:	0美元	凯利公式最优值:	0.1382
Current Streak:	2次亏损	最优F值:	0.16

盈利交易		亏损交易	
盈利交易总次数:	50	亏损交易总次数:	93
总盈利:	86969美元	总亏损:	-52602美元
平均盈利:	1739美元	平均亏损:	-566美元
最大单笔盈利:	15756美元	最大单笔亏损:	-1135美元
最大浮动亏损:	-510美元	最大浮动盈利:	1584美元
平均浮动亏损:	-248美元	平均浮动盈利:	305美元
累计上涨平均金额:	3733美元	累计上涨平均金额:	305美元
累计下跌平均金额:	-248美元	累计下跌平均金额:	-574美元
连续盈利最多次数:	5	连续亏损最多次数:	8
平均连续盈利次数:	1.72	平均连续亏损次数:	3.10
平均盈利持仓时间:	14.84个分析周期	平均亏损持仓时间:	1.24个分析周期

图11-11 0.5%的止损,这时,交易成果大幅下滑,准确率只有35%,其他相关指标也有下降

所有交易总述			
总计			
总净利:	19349美元	获利因子(盈/亏美元):	1.95
总交易数:	176	盈利比例:	11.9%
平均交易额:	110美元	盈余付出率(平均盈/亏):	14.37
平均持仓时间:	1.94个分析周期	Z-Score(盈/亏可预测率):	2.0
平均交易手数/年:	28.9	入场时间比:	18.9%
最大平仓亏损金额:	-2706美元	最大日内浮动亏损:	-2771美元
账户必要规模:	2771美元	收益比:	398.2%
开盘资金:	0美元	凯利公式最优值:	0.0580
Current Streak:	2次亏损	最优F值:	0.04
盈利交易		亏损交易	
盈利交易总次数:	21	亏损交易总次数:	155
总盈利:	39774美元	总亏损:	-20425美元
平均盈利:	1894美元	平均亏损:	-132美元
最大单笔盈利:	8849 美元	最大单笔亏损:	-151美元
最大浮动亏损:	-119美元	最大浮动盈利:	896美元
平均浮动亏损:	-73美元	平均浮动盈利:	29美元
累计上涨平均金额:	4152美元	累计上涨平均金额	29美元
累计下跌平均金额:	-73美元	累计下跌平均金额	-132美元
连续盈利最多次数:	5	连续亏损最多次数:	20
平均连续盈利次数:	1.00	平均连续衣柜里次数:	7.05
平均盈利持仓时间:	15.71个分析周期	平均亏损持仓时间:	0.08个分析周期

图11-12 0.1%的止损，这时，准确率不足12%，最大连续亏损次数达20次、最大连续盈利次数只有1次，这种结果也不足为奇了（已经研究过了图11-7到11-11），这种结果显然拿不出手

第 11 章 利润最大化策略

所有交易总述			
总计			
总净利：	75288美元	获利因子(盈/亏美元)：	3.54
总交易数：	90	盈利比例：	74.4%
平均交易额：	837美元	盈余付出率(平均盈/亏)	1.21
平均持仓时间：	13.87个分析周期	Z-Score (盈/亏可预测率)：	-0.5
平均交易手数/年：	14.7	入场时间比：	69.0%
最大平仓亏损金额：	-6159美元	最大日内浮动亏损：	-8586美元
账户必要押摄：	8286美元	收益比：	876.9%
开盘资金：	0美元	凯利公式最优值：	0.5339
Current Streak:	8次盈利	最优F值	0.78
盈利交易		亏损交易	
盈利交易总次数：	67	亏损交易总次数：	23
总盈利：	104971美元	总亏损：	-29683美元
平均盈利：	1567美元	平均亏损	-1291美元
最大单笔盈利：	15756 美元	最大单笔亏损：	-5854美元
最大浮动亏损：	-4885美元	最大浮动盈利：	1209美元
平均浮动亏损	-921美元	平均浮动盈利	454美元
累计上涨平均金额：	4152美元	累计上涨平均金额：	454美元
累计下跌平均金额：	-73美元	累计下跌平均金额	-1689美元
连续盈利最多次数：	14	连续亏损最多次数：	3
平均连续盈利次数：	394	平均连续衣柜里次数：	1.44
平均盈利持仓时间：	16.12 个分析周期	平均亏损持仓时间：	7.30 个分析周期

图 11-13　5%的止损，这下立竿见影，将止损提高到5%，整体成绩焕然一新，准确率达74.4%，连续盈利最多14次，止损无疑对系统整体表现有重要影响

总计		所有交易总述	
总净利:	74395美元	获利因子(盈/亏美元):	4.09
总交易数:	83	盈利比例:	73.5%
平均交易额:	895美元	盈亏付出率(平均盈/亏):	1.48
平均持仓时间:	15.82个分析周期	Z-Score(盈/亏可预测率):	-1.1
平均交易手数/年:	13.6	入场时间比:	72.5%
最大平仓亏损金额:	-6784美元	最大日内浮动亏损:	-12159美元
账户必要规模:	12159美元	收益比:	611.0%
开盘资金:	0美元	凯利公式最优值:	0.5554
Current Streak:	8次盈利	最优F值:	0.86

盈利交易		亏损交易	
盈利交易总次数:	61	亏损交易总次数:	22
总盈利:	98312美元	总亏损:	-24017美元
平均盈利:	1612美元	平均亏损:	-1092美元
最大单笔盈利:	15756美元	最大单笔亏损:	-6479美元
最大浮动亏损:	-4885美元	最大浮动盈利:	1209美元
平均浮动亏损:	-893美元	平均浮动盈利:	424美元
累计上涨平均金额:	3286美元	累计上涨平均金额:	424美元
累计下跌平均金额:	-893美元	累计下跌平均金额:	-1874美元
连续盈利最多次数:	14	连续亏损最多次数:	3
平均连续盈利次数:	4.7	平均连续亏损次数:	1.57
平均盈利持仓时间:	16.00个分析周期	平均亏损持仓时间:	15.32个分析周期

图11-14 无止损，从5%到无止损，效果并未有很大改观，也就是说，5%是我们找到的这个系统的最佳止损

有何收获？下面是我的总结：

1. 高止损效果好于低止损。我用效果替代了盈利能力。

2. 日内交易人用高止损收益大，因为其准确率高。

3. 如果市场没有足够"空间"来施展，就要不断止损退出。尽管

每笔交易损失都不大，但准确率却降低很多，整体损失不会有太大提高。

4. 无论是用百分比止损还是用资金额止损，前三条都适用。

止损的相关因素

止损的另一个特别重要的因素就是止损必须是所用方法的一部分，不是你能承担的风险额度。比如说，如果你想在黄金市场做日内交易。如何评估你的风险？第一个方法（不推荐使用）是，看看自己的账户，决定"这笔交易我只能承担 300 美元的损失。"这种推理毫无道理。为什么呢？现实是交易系统就是告诉你该如何做的一套完整程序，也就算是说，系统会告诉你某个市场上多大的风险合适，利用何种方法。第二个办法是想想自己是不是冒得起风险。继续刚才的假设，如果交易方法告诉你日内交易黄金，必须承担 1500 美元的风险，那就要承担1500美元的风险，听系统的。根据自己的账户资金和预算决定是否只能支付 300 美元的风险，就是要绕过系统，为损失敞开大门。第一点要考虑的，永远必须是系统能承担多大风险。第二点就是是否冒得起这个风险。如果不能，要么是不适合做这笔交易，要么是必须想其他办法做这笔交易。其他的办法可能是采取小合同、更小的外汇合同、ETF、股票或是期权或股票或期货权证。所有这些都是在期货或股票市场直接进行买多买空时的可行备选项。

通过管理仓位提高利润

交易人最常担心的问题就是对仓位把握不好。我说的仓位就是指股票数量、合约数量或仓位对应的资金数量。例如，100 股、300 股、600 股、1 份期货合约、3 份期货合约，以此类推。仓位规模当然有上限，要根据想要投资的资金量决定。在这些条件下，如何确定交易仓位呢？对很多交易人来说，只要他们获利后为要扩大操作基数而提高仓位时，就要莫名其妙开始亏损。提高交易规模有不少途径。

前面几章说过，我建议以 3 的倍数交易，也就是 300 股或 3 份期货交易，或其倍数。根据我的交易模型，1 的倍数或 100 股或一份期货合约在预设获利目标实现时，就只能清盘退出。获利目标要基于所用的交易法决定，而不是根据交易人主观臆断。一旦实现第一个获利目标，你就退出了"危险地带"，不会遭受进一步的损失，因为这时有三分之一的仓位时收支平衡止损，最后三分之一是移动止损。我认为这个程序能够产生最好的整体效果，原因在于最后一个三分之一仓位往往会产生最大利润。有了这个程序，我们还需要决定如何客观地知道何时该加仓了。例如，如果以 300 股交易，而且交易盈利，何时增加到 600 股？

解决之法有不少。一种机械的方法就是一旦实现一个基准然后就增加操作基数。例如，可以提前决定如果获利 50% 就提高仓位 50%。这样做的好处是过程简单，不利之处是可能所用的交易系统不允许这样做。最好的办法是提高仓位应该是资金管理公式确定的。这样的公式现有很多，最知名的就是凯利公式。

凯利公式最先开发出来是为了帮助 21 点玩家，让他们根据赌局结果在连续下注时知道应该赌多少钱。虽然交易不是赌博（有人倒巴不得是！），我们仍可以将凯利公式用于交易系统，介绍如何运用的文章和程序数不胜数。我用的交易软件是 Genesis Navigator，提供了几个资金管理的方法，可以用于机械的交易系统，且能客观上极大提高整体利润。用资金管理公式衡量成绩数据，电脑就会告诉你下一笔交易的建仓大小。图 11-15 到 11-17 的说明就详细解释了我的意思。

所有交易总述			
总计			
总净利:	76731美元	获利因子(盈/亏美元):	3.42
总交易数:	91	盈利比例:	73.6%
平均交易额:	843美元	盈余付出率(平均盈/亏):	1.23
平均持仓时间:	14.25个分析周期	Z-Score(盈/亏可预测率):	-0.2
平均交易手数/年:	14.9	入场时间比:	71.7%
最大平仓亏损金额:	-5113美元	最大日内浮动亏损:	-7539美元
账户必要规模:	7539 美元	收益比:	1017.8%
开盘资金:	0美元	凯利公式最优值:	0.5210
Current Streak:	8次盈利	最优F值:	0.72
盈利交易		**亏损交易**	
盈利交易总次数:	67	亏损交易总次数:	24
总盈利:	108424美元	总亏损:	-31693美元
平均盈利:	1618美元	平均亏损:	-1321美元
最大单笔盈利:	15756 美元	最大单笔亏损:	-4651美元
最大浮动亏损:	-4354美元	最大浮动盈利:	1209美元
平均浮动亏损:	-847美元	平均浮动盈利:	458美元
累计上涨平均金额:	3421美元	累计上涨平均金额:	458美元
累计下跌平均金额:	-847美元	累计下跌平均金额:	-1703美元
连续盈利最多次数:	12	连续亏损最多次数:	3
平均连续盈利次数:	3.72	平均连续衣柜里次数:	1.41
平均盈利持仓时间:	16.85个分析周期	平均亏损持仓时间:	7.00个分析周期

图 11-15 机械化仓位管理程序，每笔交易一份合约的成果数据，无论用哪种仓位控制方法，我的交易软件都可以管理仓位，图里就是每次交易一份合约的交易结果

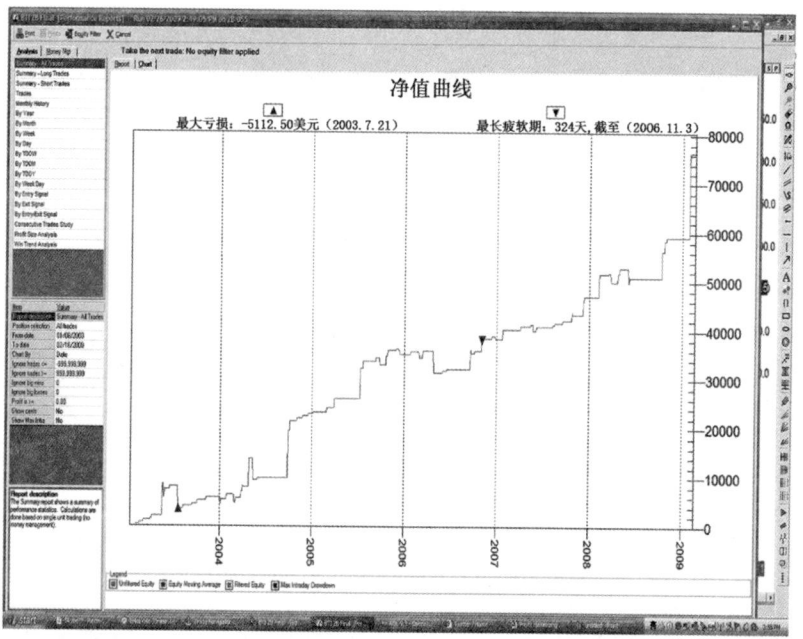

图 11-16 资金曲线，这是图 11-15 里的数据表现，用图线表示

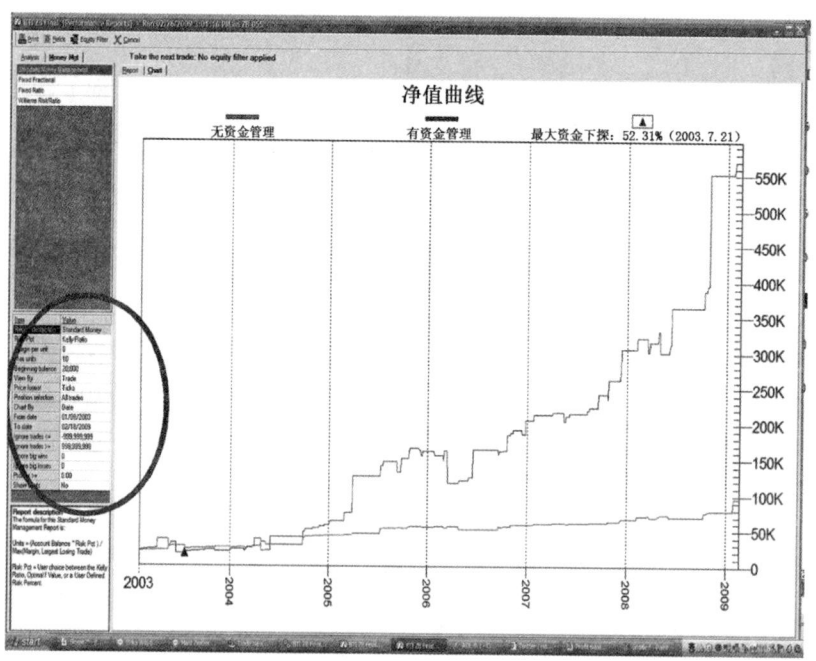

图 11-17 资金曲线 2，我用软件配置的"标准资金管理"，用系统交易了 20000 美元初始金，且最大建仓额未超过 10 份合约，圈内的内容是系统的其他设定，表现较

差的资金曲线没有用资金管理，也就是说，每次交易一份合约，上半部分的图是假设用了资金管理办法的效果，每笔最多 10 份合约。两次效果截然不同

通过净值过滤方法管理交易

另一个利润最大化和风险管理的方法就是利用净值曲线过滤器。这种方法很简单，有一些交易软件程序就可进行。配置和概念都是非常基本的知识。如果交易效果数据低于净值曲线移动均线，就要先确定交易成果移动均线的长度，也就是净值曲线。你可以选择降低交易合约数，反之亦然。我本人对这种方法不是很热衷，但这种方法常见易用。图 11-18 显示的是净值过滤器窗口。

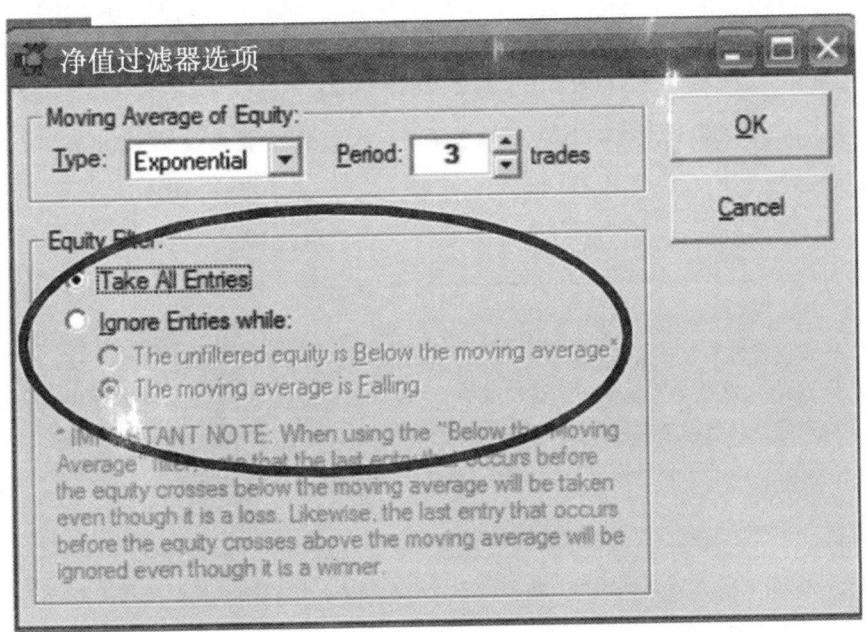

图 11-18　净值过滤器窗口

一些关键点

在介绍其他利润最大化策略之前，我还想在之前内容的基础上强调一些利润最大化策略和风险管理的关键点。请看图 11-19 和 11-20。每张图的说明描述了这些观点。

1. 既然要在闭市前退出，日内交易从定义上就限制了利润。
2. 俗话说"大波动才有大钱"，同样适用于日内交易。
3. 获利交易可以过夜吗？可以的话，有什么条件？
4. 随时准备好移动止损策略，这个策略非常重要。
5. 市场急涨急跌时该怎么办？

图 11-19 日内交易必须要了解的情况都列在这里：前两条不言而喻，已经讨论过了，第三条说得简单，后面讨论，简单的回答是不行，再详细考虑的话，答案是可以，但唯一的条件是你其他的日内交易已经获利清盘，而且持有的仓位在闭市时有望获利，至于后面两条，本章讨论移动止损策略，本章结尾讨论市场激烈波动有利的话如何应对

1. 无论日内交易还是头寸交易，我工作中最重要的事情就是"危险区"（DZ）。
2. 定义：DZ 是为实现第一个获利目标（PT1）自入市以来花费的时间和资金。
3. 每笔交易都必须有 PT1。
4. 例如：我们所有日内交易的目标就是尽量逃离 DZ，就是说实现 PT1。

图 11-20 危险区的概念，作为一个日内交易人，所做的一切都要考虑我说的危险区（DZ），定义如上，一旦实现第一个获利目标（PT1），就脱离危险了，但还是要继续执行利润最大化策略

第11章 利润最大化策略

危险区概念

我为日内交易标普期货开发的一种方法是30分钟突破。30分钟突破的规则很简单。用小型标普期货的日图,用第一个30分钟交易幅度作为建立点。如果第一个三十分钟后的任何30分钟价格条结束时,收尾价格高于第一个30分钟价格条的最高价,我们就可以启动买入。反之,如果30分钟结尾价低于第一个30分钟价格条的最低价,就要启动卖空。在这里例子里,第一个获利目标或PT1是第一个30分钟条的波动幅度。一旦达到整个幅度,就度过危险区(DZ)了,其余仓位就可以实行移动止损。图11-21就是这种方法的举例和说明。

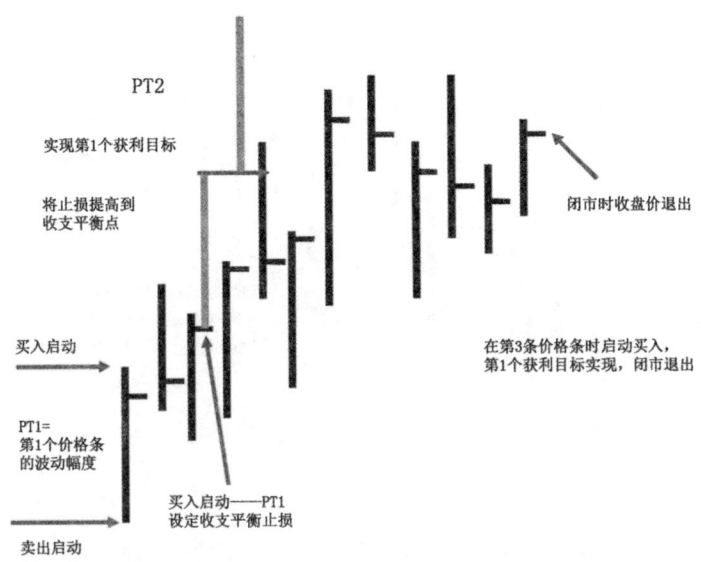

图11-21 30分钟突破(MBO)启动和PT1-DZ1策略的标普日交易方法,所以,一旦实现第一个获利目标,就可以实施获利最大化策略和风险管理

PT1 的具体数额可以根据市场波动情况改变。在市场波动不大时，第一个 30 分钟价格条的整个幅度是一个合理并能实现的目标；如果第一个 30 分钟价格条的波动很大时，就应该降低获利目标，如改为第一个 30 分钟幅度的 50%。要确定潜在的市场波动能力，才能确定合适的 PT1 水平。图 11-22 分两部交易量退出，列出了这种方法的交易原则。图 11-23 到 11-26 用 30 分钟突破法进行多数量交易退出原则的其他示例。

1. 启动后，下单退出一部分仓位。
2. 指令成交后，将第二部分仓位止损提至平衡，危险区度过了，且有获利。
3. 在闭市时退出第二部分仓位，除非实现 PT2。
4. 如果 PT2 达到，将止损提高到 PT1 时的水平。
5. 闭市退出。
6. 勿持股过夜，除非系统已证实这种方法有效。

图 11-22 两部分交易，这是实施 30 分钟突破仓位、分两部分退出的过程，这个基本做法可以适用于其他方法

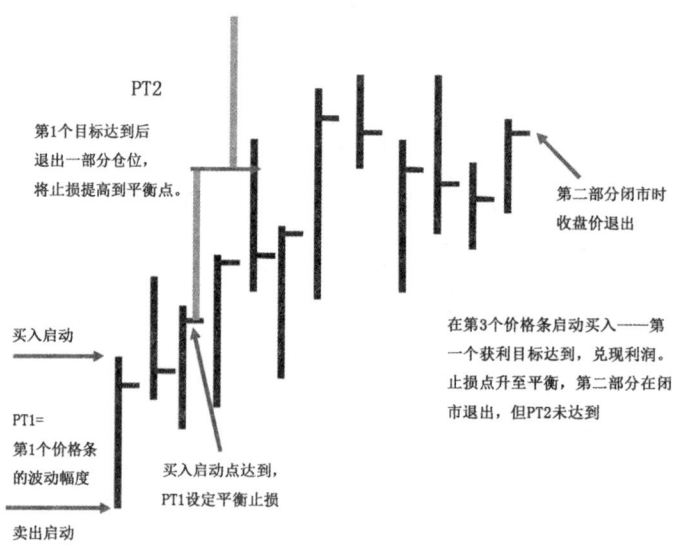

图 11-23 分两部分交易，DZ2 分步策略，这时，假设净利润目标 1 是第 1 个 30 分钟价格条的整个波动幅度，在第 5 个价格条时，目标实现，随后，再出现这样的幅度就实现了 PT2，获利目标 2 在闭市前没有实现，否则交易早就清盘了

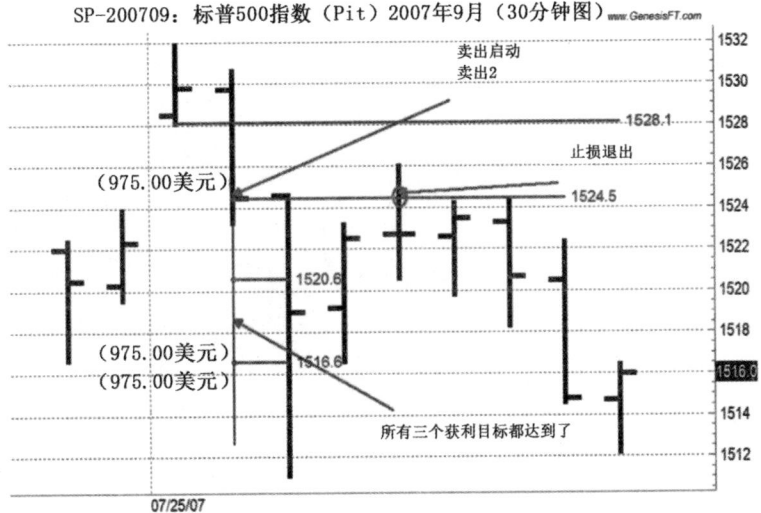

图 11-24 两部交易策略,这是两部分交易策略的另一个例子,3 个获利目标——达到,这时第三个获利目标与第一个和第二个获利目标相同,所有交易目标达到后,再次加仓的话就要启动移动止损

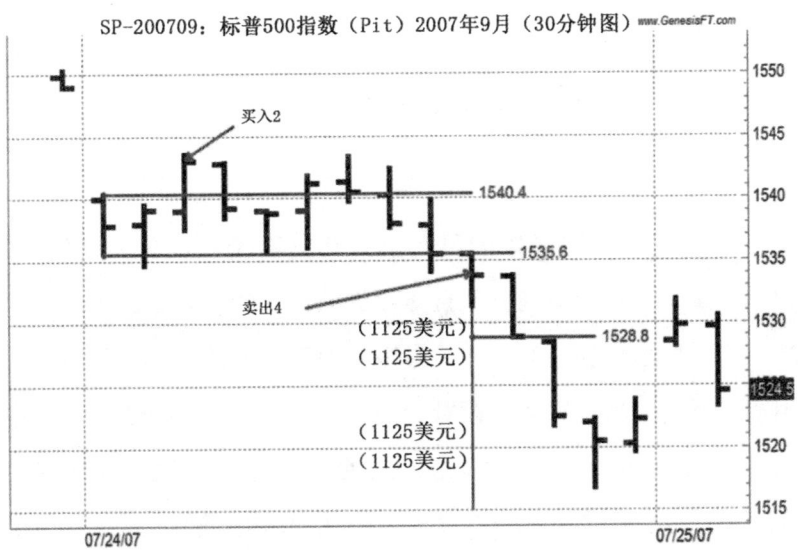

图 11-25 两份合约策略,交易多份合约或 100 股以上的股票时,在清仓时就有了更多的灵活性,本例中是两份合约的跟踪方法

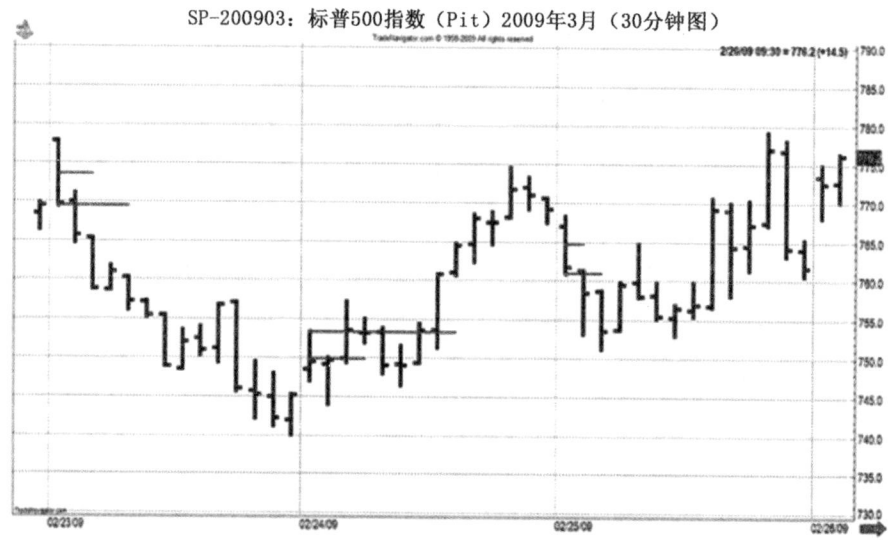

图 11-26 标普系统连续三天的三部策略，本图是连续三天的 30 分钟突破法，假设用 3 份合约策略，用本章的跟踪方法如何最大化利润

用移动均线移动止损

管理第三部分仓位退出或第二部分仓位退出（假设市场剧烈波动是有利的）的另一个非常简单的利润最大化策略是三部分移动均线。也就是说，如果市场对你有利，而且显示盈利巨大时，就直接用最低价的三部移动均线买多；买空时，就用最高价的三部移动均线。愿意的话还可以用指数移动均线，因为该指数对时下市场情况的反应更灵活。在每个价格条结束后你都要确定最高价或最低价的移动均线（无论何种情况下），而且用该移动均线作为下一个价格条的止损。图 11-27 到 11-29 举例说明了这种方法。详细内容请参见这些例子的说明。

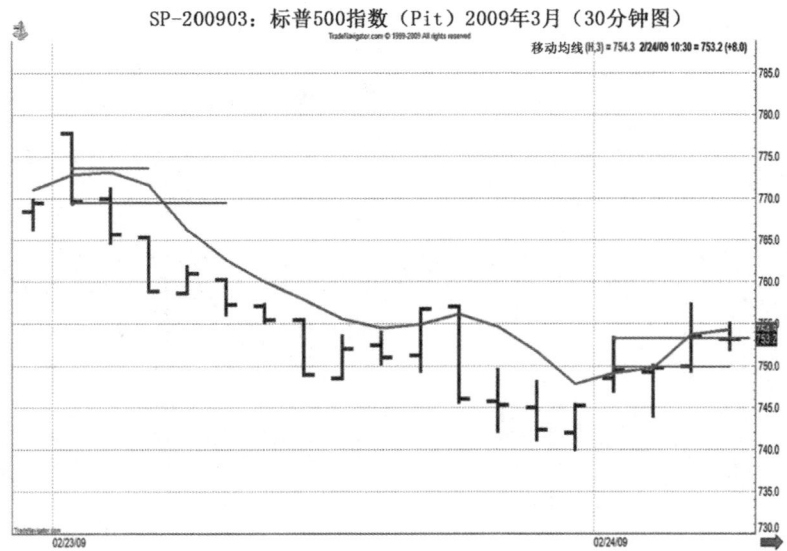

图 11-27　用移动止损法的三部移动均线，当日 30 分钟突破到卖方非常清晰，如果价格最高价穿透最高价的三部移动均线，应该清盘退出，第二天第一个获利目标就达到了，最低价的三部移动均线形成

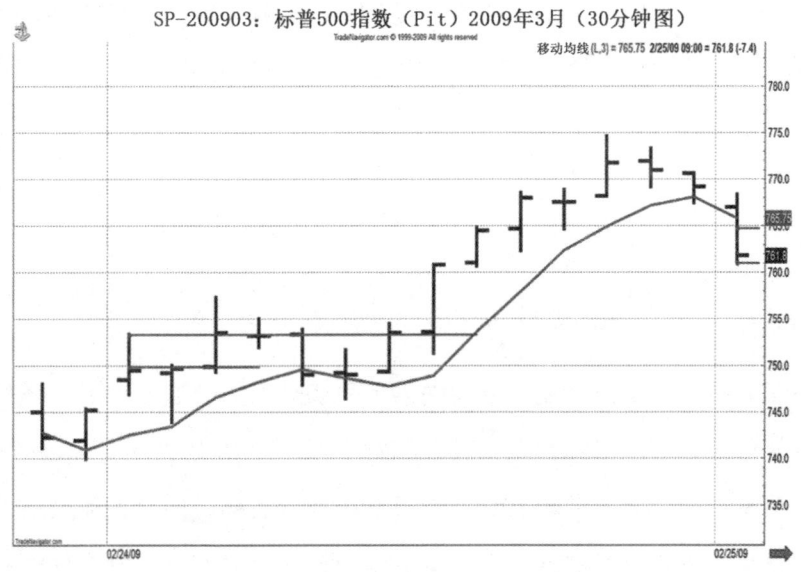

图 11-28　用移动止损法的三部移动均线，信号显示的 30 分钟突破一目了然，整个获利目标实现后，就实施最低价的三部移动均线止损，当日最后一条价格条才达到了目标

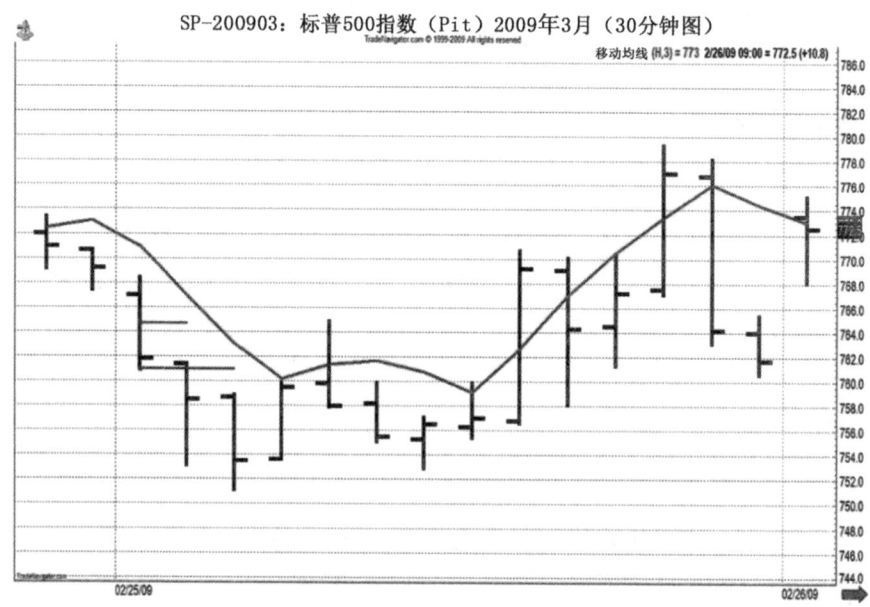

图 11-29 用移动止损法的三部移动均线进行买空，图上显示用最高价的三部移动均线止损的形成过程，之后就是买空的 30 分钟突破，第一个和整个获利目标得以实现，注意，当日第五个价格条突破了最高价的三部移动均线，最后三分之一的仓位止损退出

跳空交易的利润最大化策略

第九章讨论了跳空交易，并提供了利润最大化的建议。第十一章讨论的任何技巧都可以结合跳空交易使用，实现利润最大化。前面讲过，跳空交易用前一天波动的 50% 作为第一个利润目标。如果目标达到，就可以退出三分之一的仓位。这一步最好用开放订单操作。利润目标实现后，其余的三分之二仓位脱离了危险区。三分之一仓位不应该进行平衡止损，三分之一仓位应该锁定 75% 的利润，如果愿意的话，可以采用前

面讲的三部价格条移动止损。跳空交易的第二个利润目标是前一天价格条的整个波幅。在达到前一天整个波幅后，用开放式订单退出仓位3，实现套现（如果还未移动止损退出的话）。现在仓位3应该执行平衡止损或任何一个本章推荐的止损方法，包括抛物线止损（后面讨论）用三部移动均线止损。在任何情况下，跳空交易必须在闭市前退出。请见图11-30到11-38的举例，并复习相关原则和程序。

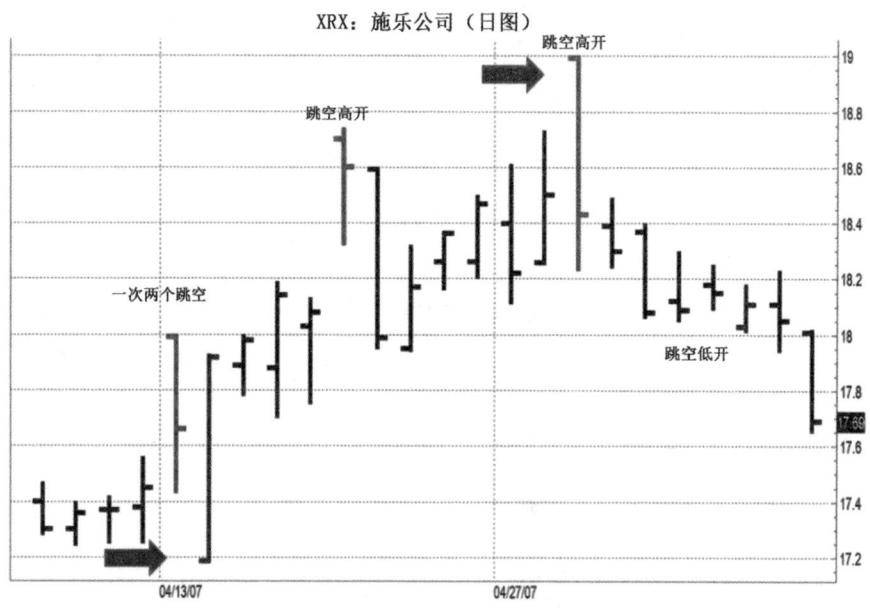

图 11-30　跳空交易，争取利润最大化

1. 跳空交易往往表示更大波动的开始。
2. 跳空上涨更大一般表示市场顶部。
3. 跳空下跌更大一般表示市场底部。
4. 有时这就是重大顶部和底部。
5. 我们可以保留跳空交易的部分仓位，不在当天退出，但要附加止损，那么止损还设多少呢？

图 11-31　如何移动止损最大化跳空交易的利润

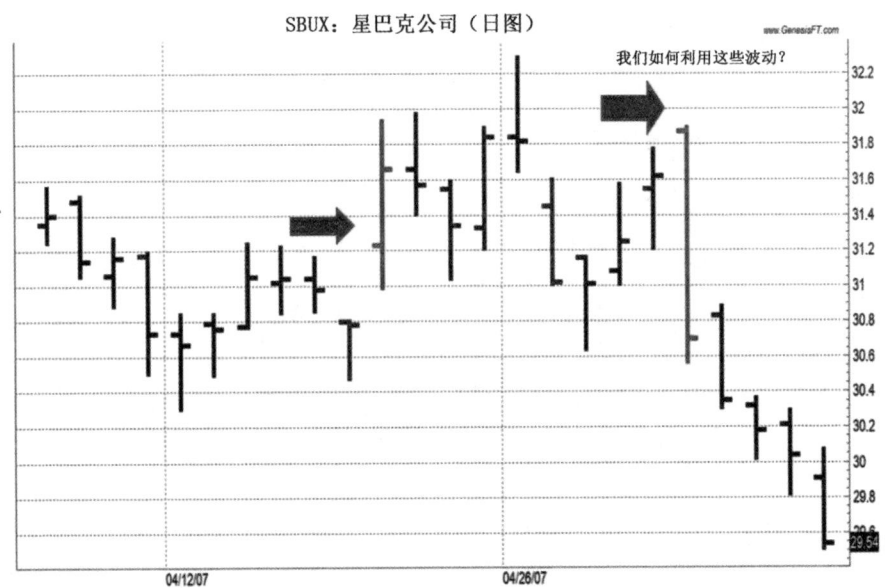

图 11-32　利用移动止损将日交易跳空变为头寸交易

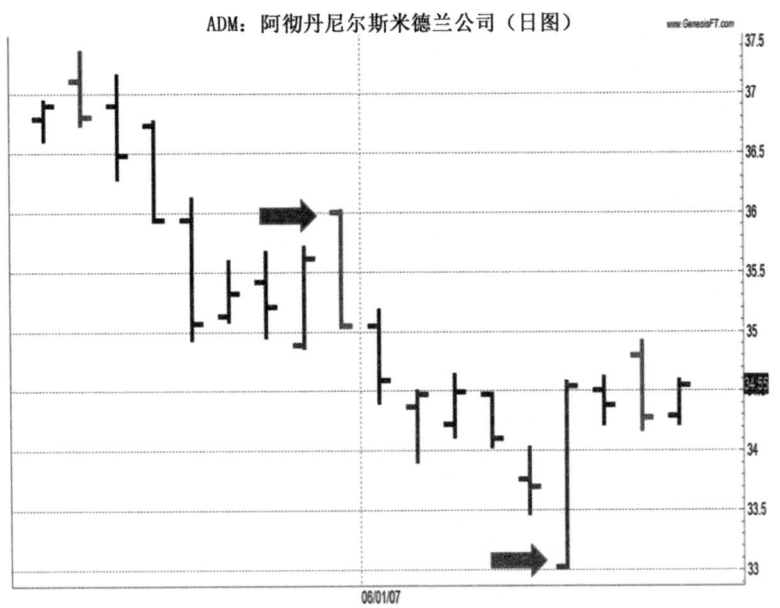

图 11-33　我们可以最大化图中跳空交易的利润吗？在两次跳空中（如箭头所示），用之前介绍的程序就可以最大化利润

第 11 章 利润最大化策略

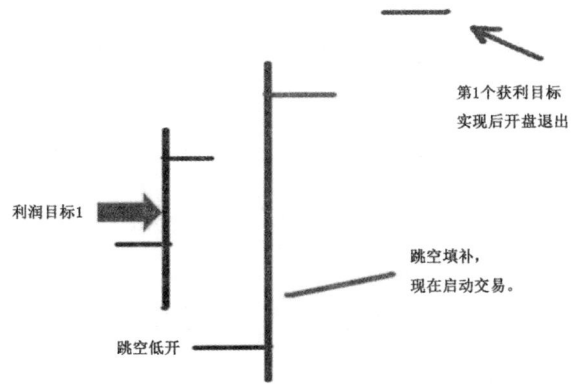

图 11-34 在第一个获利开盘后（FPO）跳空买入交易退出，可能可以将获利跳空交易保留到当天之后，办法是在第一个获利开盘后退出或移动止损，哪个先出现用哪个，这里显示的是第一个获利开盘退出的过程

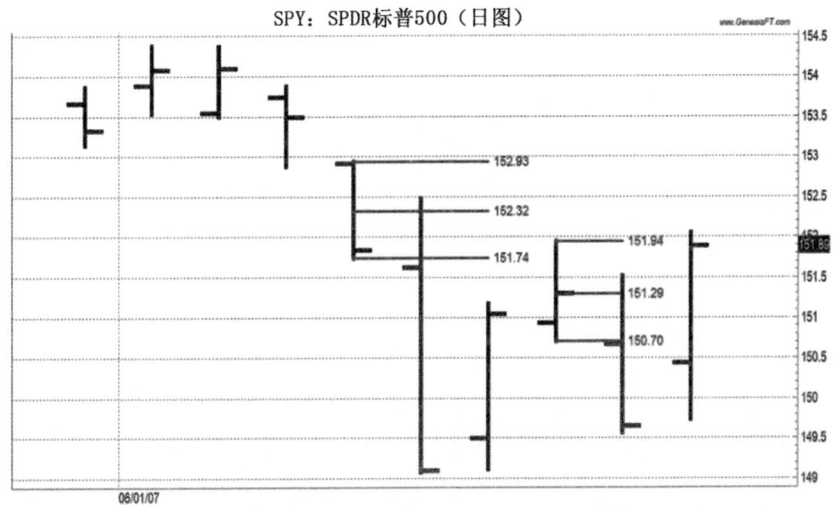

图 11-35 买入跳空和利润目标，本例显示了两笔跳空买入交易，利用第一个利润目标（即前一个交易日波动的 50%）以及跳空当天的启动买入价格，所有这些交易在平衡止损或移动止损之前都会实现获利目标

1. 在买入价上附加止损。
2. 如果获利额相当于买入日波幅的两倍，就用 75% 进行移动止损，或用 MA 移动止损或抛物线止损。
3. 一旦买入，就抛弃反向跳空，除非已经止损退出。

图 11-36　保留跳空交易采取的退出原则

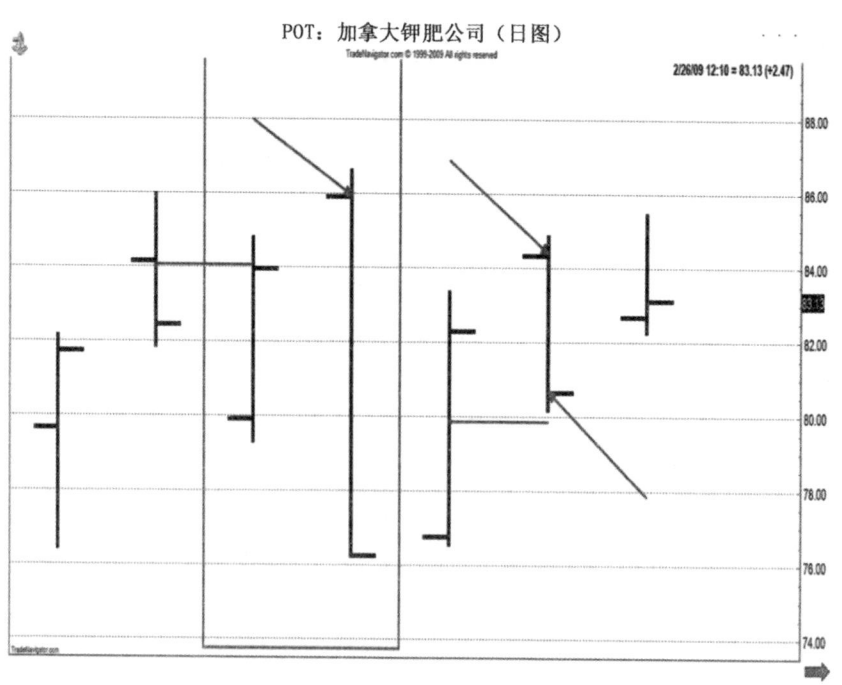

图 11-37　跳空交易利润最大化策略，箱型区域表示跳空交易在第一个获利开盘退出

第 11 章 利润最大化策略

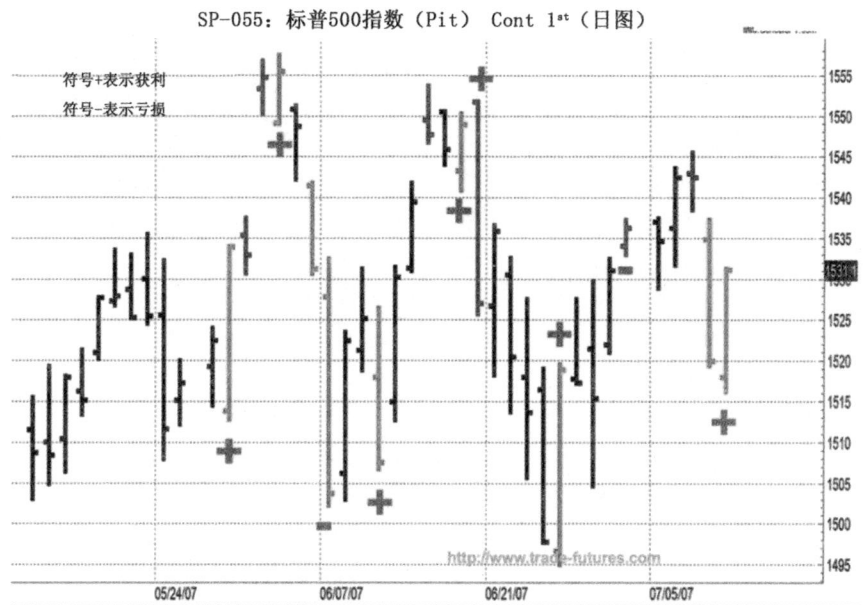

图 11-38 标普跳空的重大波动，很多发生在跳空交易启动时的波动往往会促成第一个和第二个获利目标的实现，如图所示

另一个交易中用的方法就是抛物线，是威尔斯·王尔德在 20 世纪 80 年代最初开发出来的。究其本质，抛物线是移动均线，不仅适应价格而且适应市场变化。如果价格波动更高或更低，而不是平稳而稳定波动，抛物线对这样的市场的作用非常类似于传统观的移动均线。但是，如果市场开始进行剧烈的陡然的向上或向下波动，抛物线止损可以以几何的方式跟踪市场，这样的话，波动继续加速，抛物线止损就越来越接近价格。原因就是市场大幅上涨也往往会大幅下跌。急速上涨的市场也会急速下跌。用抛物线止损，抛物线会根据市场潜在的上涨或下跌角速度调整自己，可以通过这样止损跟踪，尽量锁定最大利润。

为了达到这个目标，有必要使用能够根据市场情况调整自己的程序。下一系列的例子就演化了这个过程，我现在就来描述一下。根据图表软件，我们要用的指标是抛物线或王尔德抛物线。王尔德抛物线（或简称"抛物线"）是根据数学上抛物线的移动均线。那些希望了解更多这个构架的人可以在网上找到大量信息。抛物线有两种非常重要的图表设定，即加速因素（AF）和最大化加速因素（最大 AF）。通过调整这两个输入值，我们可以设法使跟踪抛物线止损离当前价格越来越近或越来越远。随着市场开始显示出剧烈的上行或下行价格波动，我们可以相应调整抛物线的输入值。图 11-39 总结了抛物线止损的特征，图 11-40 说明了图表程序中的构成过程。

1. 什么是"抛物线"，为什么用它？
2. 工作原理如何？
3. 上涨时，每一个价格条的抛物线值低于该价格条时，则在下一个价格条启动交易。
4. 下跌时，每一个价格条的抛物线值高于该价格条时，则在下一个价格条启动交易。
5. 穿破抛物线值预示趋势会改变。

图 11-39　抛物线止损的一般特征

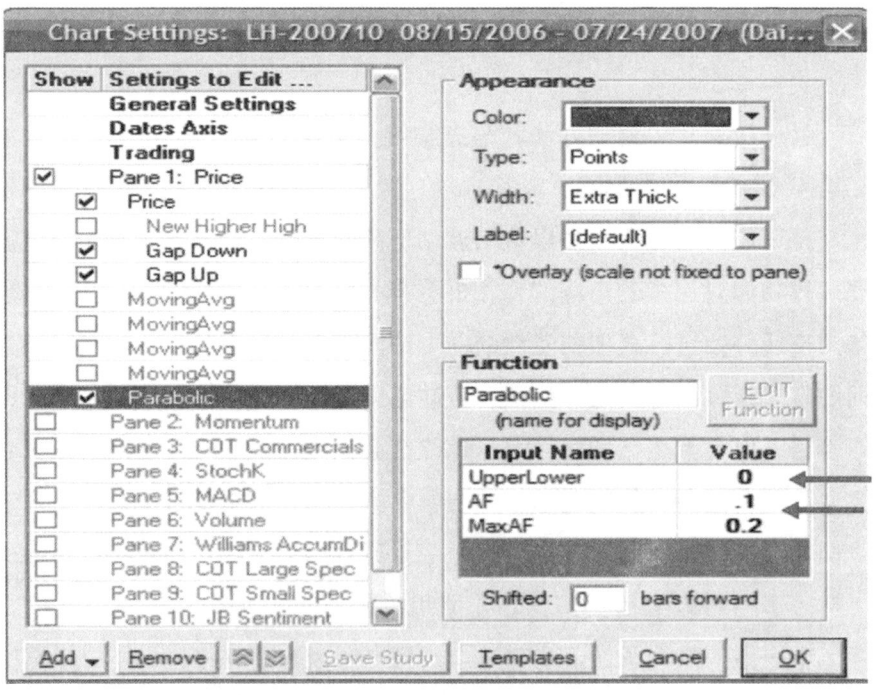

图 11-40　抛物线图标设置

第 11 章 利润最大化策略

这是我用抛物线移动止损时的各个步骤：

1. 利润目标 2 实现后或市场近乎垂直的加速上涨或下跌对我有利，我就实行抛物线止损。

2. 我首先会用输入值 .02 和 .02 了解抛物线止损和价格的关系。

3. 然后我会提高抛物线的输入值到 .1 和 .1，观察抛物线和当前市价有多接近。

4. 我会继续每次将抛物线输入值提高 0.1，直至抛物线移动止损无限接近当前值，而并未实际启动交易。

5. 一旦效果达到，我就实现了抛物线的最大或最完美止损，这一过程就结束了，除非市场加速活动更快，将我的止损远远抛弃。

图 11-41 到 11-47 列出了不同图表在不同时帧的一些抛物线止损。注意，价格条之上或之下的点即是抛物线值。任一价格条末尾产生的抛物线值是下一个价格条用到的股票值。价格条变动活跃时，抛物线值也会变，因此，重要的是要用最后一个完整的价格条抛物线值作为当前价格条的止损。一些交易人用抛物线作为交易系统，抛物线止损值达到后，就反向交易。我并没觉得这种方法有特别作用。

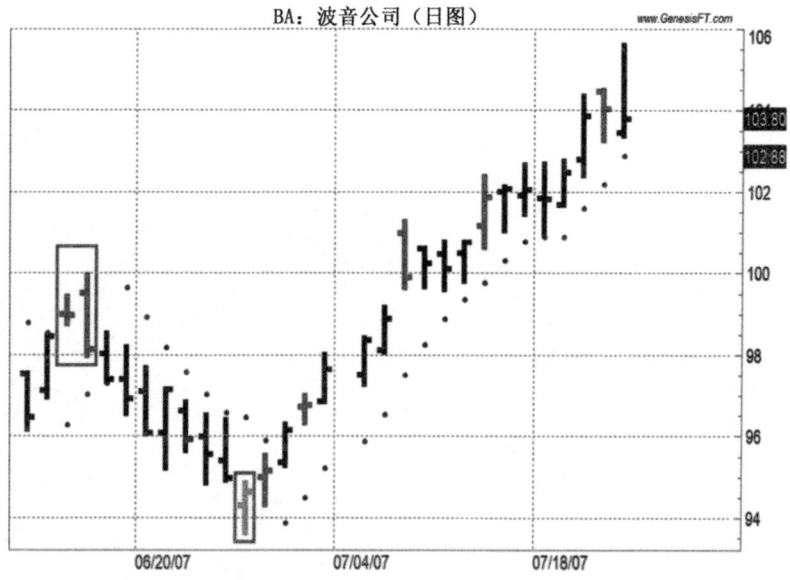

图 11-41 波音（BA）抛物线移动止损

图 11-42 Honvanian 公司（HOV）抛物线移动止损

图 11-43 瘦肉猪的抛物线移动止损

第 11 章　利润最大化策略

图 11-44　瘦肉猪的抛物线移动止损

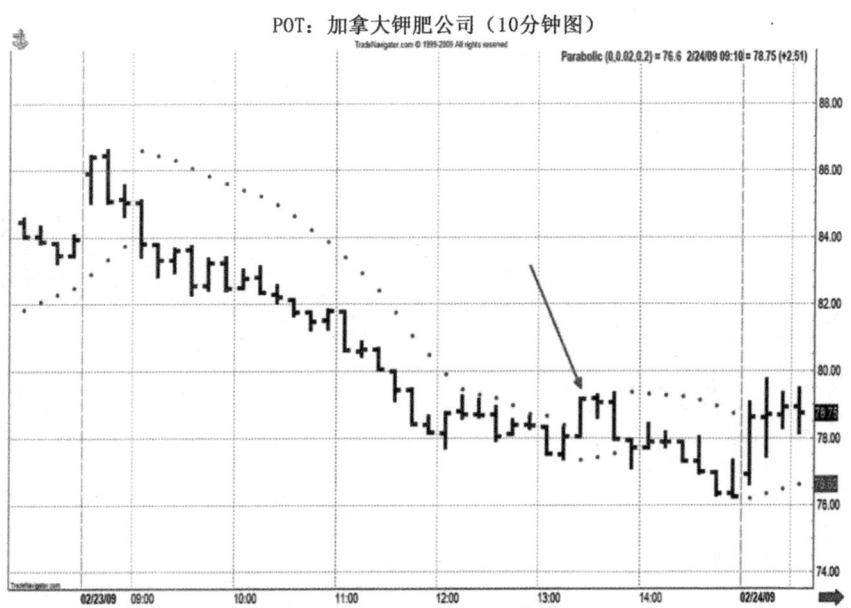

图 11-45　跳空交易的抛物线移动止损

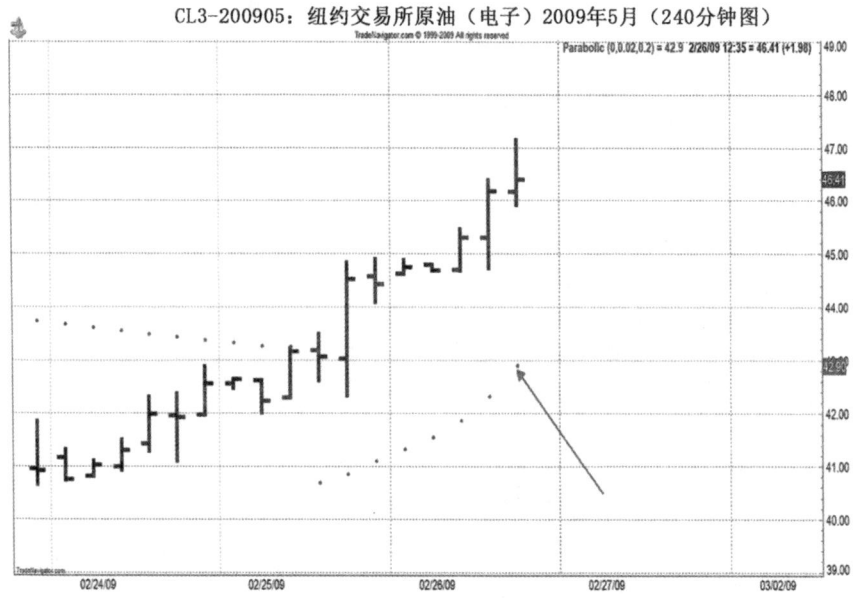

图 11-46　CL 的 240 分钟抛物线移动止损

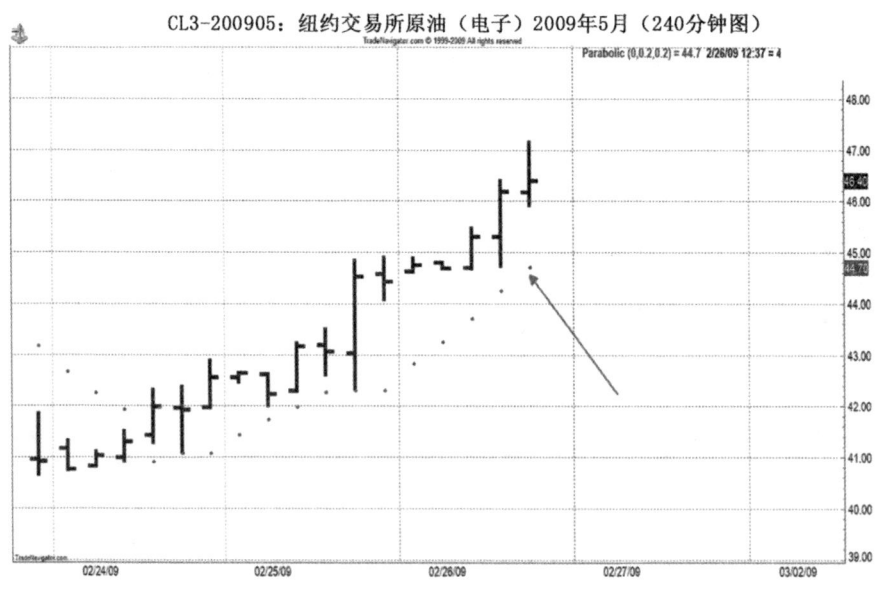

图 11-47　CL 的 240 分钟抛物线移动止损

第 11 章　利润最大化策略

利润最大化的结论和总结

虽然不可能将利润最大化策略的所有基础知识全部涵盖，但本章还是列举了非常详细的例子加以说明。的确还有其他方法，但是，我讨论的方法是我在自己日内交易中所用的、而且非常有用的方法。我在整本书里一直在说进入日内交易可以而且应该是完全机械性的，而退出日内交易却不完全是机械性的，原因在于必须根据市场条件进行调整。日内交易人必须闭市退出，根据市场行动和出现并采纳的交易指标，可能会有多种不同的途径。最后，就会归咎到技术和经验的问题，这并不是说退出日内交易头寸完全是主观或臆断。我的确要强调经验的重要性，这是成功的决定性因素。知道了这些，你们——活跃的日内交易人或雄心勃勃的日内交易人就有必要积累尽量多的经验，有效扩大利润。虽有啰嗦之嫌，我还是要强调我的立场，对日内交易人来说，除了选择有利可图的日内交易，唯一重要的事情就是管理风险和最大化利润（见图 11-48）。

---

1. 利润最大化对成功至关重要。
2. 必须一直在交易方法中包含止损，而不能仅知道投入。
3. 只要实现第一个 PT 度过 DZ，尽快将止损方法改为平衡止损。
4. 多倍数仓位交易，以期获得最好效益。
5. 3 倍或 4 倍值最好（如 3 份合约或 300 股）。
6. 用 MA 止损或抛物线移动止损。

图 11-48　利润最大化策略

第 12 章　日内交易的心理战

也许任何交易方法中——无论针对长期、中期、短期还是日内交易，唯一最重要的问题就是交易人的心理。我研究交易人心理可以追溯到 1968 年我第一次做交易的时候。我学过临床心理，也在诊所工作过，因此非常了解极端的心理紊乱。作为交易人，我自己就遇到过无数心理问题，因此非常熟悉交易人的局限和不断自投死路的心理障碍。

我的《投资者系数》一书这几年来一直是交易人的宝典，这不一定表明我的写作技巧精彩绝伦，而是交易人知道了他们的不足，试图要更多了解如何克服这些不足。

有人不认同我这么说，但我还是坚决认为本章可能是整本书最重要的一章。有很多人可能对本章的内容置若罔闻，要么略过不看，但我真心认为这么做是一个最大的错误。虽然不可能在一章内就把需要几本书才能完整解释的内容全部讲解，但我还是会尽力让大家了解日内交易人会遇到的行动和心理陷阱。

日内交易人只在市场停留很短时间，这是独特情况。日内交易在很长时间内被认为是投机交易里最投机的交易。我认为这是市场误解，是那些无法或不敢进行日内交易的人三人成虎的说法。实际上，日内交易人处于不利的地位，真正的日内交易人都知道一天内所获有限。因此，日内交易人期货交易的神枪手要找出正确的目标、瞄准、扣动扳机，然后就是猎物到手，听起来好像唯利是图，但日内交易就是这样。有效的日内交易人会时刻准备，只瞄准最大的目标，只向有可能被打中的目标开枪。

日内交易人必须有恒心、有能力、有应变能力而且有毅力，这是日内交易人最重要的品质。因为日内交易是期货交易人所用众多方法中独特的一个，日内交易具有独特的心理特性。我在本章中会介绍日内交易人遇到的重大问题，而且还会提供一些方法来让日内交易人扬长避短。

训练有素：核心特性

在研究阻碍日内交易成功的心理和行为问题之前，先来研究一下提高日内交易成果的素质。第一个就是训练有素。当天，到现在为止，这个词已经说过几千次了，这可能是期货交易里最老生常谈的词了。问题是说说是一回事，而能在操作上理解真正其含义就是更重要的事情了。我说训练有素是什么意思呢？含义如下：

1. 训练不仅仅是开发出一个交易计划或是坚持使用的能力，还指能够分辨出来交易计划是否失效，而且知道是否应该抛弃。

2. 训练是指能够持股足够时间等待有利时机，或等待不利时机。

3. 训练是指愿意在亏损后还能重回市场，是避免无关信息和与交易系统无关的变量的技巧。

4. 训练是保持合理仓位规模、避免过度交易冲动的诀窍。

5. 训练是在当日坚持使用交易系统和手动或通过计算机计算必要时机指标的毅力。

6. 最重要的是，训练是每天都能回到交易场的能力，无论前一天是盈是亏还是破产。

因此，训练有素包括很多内容，不单指某一个技能。可能理解交易纪律性的最好方法就是研究一些组成行为，下面几段，我们就来看看一些行为方式。

毅力

交易人具备的所有素质中，可能最重要的一个就是毅力。日内交易——在这个问题上时机上是所有交易，是一种冒险，需要一种在效果不好时也会继续交易的能力。基于市场和交易系统的特性，凄风苦雨后面往往跟着艳阳高照，而春光明媚后面常常又是秋风萧瑟。交易人取得最辉煌的一些成就之前会经历一连串的亏损。就是因为这样，交易人坚持应用自己的交易原则，并坚持一段时间就非常重要。那些浅尝辄止的人无法等到他们的系统发挥效应；而固守不放的人却早早用光了资金。因此，坚持虽然重要，同样重要的还有交易人知道何时不应等待，何时应该放弃，放弃所使用的系统。

毅力非常重要，那么交易人该如何培养这个特性呢？答案很简单，但实施起来可不容易——通过坚持来培养毅力。虽然这听起来像是以问为答，其实不是。坚持的唯一办法就是强迫自己从一开始就一切按照系统和方法的指令进行。如果你有困难，试着坚持使用一个交易系统或方法。在一定时间内按照这个方法实施，根据原则进行交易，或如果系统是客观性的，尽量坚持使用该系统。如果已经坚持应用原则，就会发现，大多数情况下坚持终有回报，努力会带来利润。

即使交易还未获得成功，你也会受益良多。你会知道你可以遵守系统或方法，会严格按照原则交易，而且这样做的唯一途径就是坚持遵守尽可能多的交易和原则。而与此相反的是，随意交易或变换不定的交易原则，往往带来无知和困惑。

回忆一下作为交易人的经历，想想做过的最坏交易，你会发现根据系统或方法造成的损失在心理上比较容易接受，而那些违背原则导致的损失往往会造成可怕的结果，最终会让你比原本损失的多得多，从而在资金上和心理上无法接受。想要掌握坚持的技巧，就要反复练习。下定决心，我想你就会得到一些很好的结果，甚至短期见效。

愿意承担损失

这是有效日内交易人必须掌握、获得或练就的另一个重要品质。对所有交易人来说，最大的一个缺陷可能是在应该止损的时候不接受损失，而损失只会是越来越多而不会变少。该止损时不止损，结果就惨不忍睹了。

虽然日内交易人（因为必须在闭市前退出）比头寸交易人更容易止损，但许多日内交易人还是不愿意在合理损失时止损。专业日内交易人必须能够在合适时止损。何谓合适，要根据使用的特定交易系统或风险管理技巧来决定。根据我的经验和观察，我敢说造成大约75%或更多大笔损失的原因就是，在损失还小或比较小或该止损的时候没有止损。

我受到的最大损失就是因为在合适时未能止损，将500美元的损失变成5000美元的损失。幸好，这是我第一次也是最后一次犯过这么严重的错误。不幸的是，很多交易人，实际上非常多的交易人未能及时止损。幸运的是，日内交易人有两次机会止损，第一次是系统确定的止损点或事先确定的美元损失额。第二次是在闭市时。因此日内交易人是幸运的，不得不在闭市时清盘退出，这要比持损过夜的损失小。

下面是提高止损能力的一些建议：

1. 确切规定自己的止损原则。无论是系统原则还是资金量，用大字体打印或写下这些原则，将这张纸贴在行情设备、交易电脑或下单电话边。如果不用电脑或行情系统交易，就把原则写在卡片上，不断参阅。

2. 完全接受系统产生的 10 笔损失。这样的话，习惯就形成了，接受止损就比较容易了。

3. 如果和全权委托经纪人或交易伙伴合作，就要让他们知道你的止损。让他们提醒你必须据此退出仓位。也可以让他们替你做，当然要保证你和他们的关系好到足以进行这样的授权。

4. 确定止损。在指令成交时就设定止损是更简单的方式（鉴于日内交易的特性，没必要一直这样做）。

我认为这些建议有助于掌握合适而理性止损的能力。

避免过度交易的能力

大多日内交易人觉得他们每天都得交易。说实话，有些交易人交易上瘾，一天不交易对他们来说不啻于一天不吃饭，但事实是有些时候根本没有交易机会。如果想保留资金、避免损失和不必要的佣金，日内交易人要明白日内交易不是日行一笔的事。有时候无法做交易，相信我，不做交易更好。

暴露日内交易人误入歧途的信号就是寻找好交易综合症。是不是曾经坐在电脑或行情屏幕前因为无交易可做而郁郁不欢？也曾漫无目的地敲着键盘，一张图一张图地看，想要找交易市场？是的，这就是麻烦的先兆。如果遇到这样的情形，就拜托对得起自己点，别看了。我在本书中提出的日内交易好机会很多，但不是每天都能出现。要不断调整标准，决定会在哪个市场交易。如果这些市场没有交易机会，就别无休止地胡乱敲着键盘，一定要在橙汁或找钯上进行日内交易。这些交易会时不时效果良好，但获胜机会渺茫。要想获胜，日内交易人就应该专注于几个市场并应用自如。别想着广种薄收，寻找不存在的交易机会。

专注的能力

成功的日内交易是一项耗时的事业，需要进行密切的关注。很多时候，还需要勤奋、跟踪和坚守。虽然我在本书中提到的一些日内交易技巧——特别是跳空方法，是严格的机械交易方法，但很多技巧并非如此。跳空交易时可能不用密切关注市场就能下单，但绝大多数的技巧需要密切的关注，因此大多数交易人同时要交易很多市场是不现实的。我建议大多数交易人一天交易三个市场就足够了。实际上，我建议新日内交易人专注一个市场，完全投入这个市场，小心操作，以此来提高技术和整个利润。

新手该交易什么

对日内交易人该交易什么的回答会改变市场情况。一些市场历来是日内交易的战场，如货币、标普期货和长期国债。其他市场，如白银、黄豆、石油综合市场和货币，在一些情况下都是很好的日内交易工具。

我会密切注意这些市场的情况，特别是市场非常活跃，波动很大时。在跳空交易上，很多市场都是日内交易的好工具，因为能够结合具体的买入或卖出止损下单,并通常在闭市时退出。很多时候跳空交易不必要那么密切注意,许多市场都能这样进行日内交易。但对于新手来说,我建议交易组合要严格限制,待掌握了技巧、有了自信后再说。

有充足资金再入市

无论是日内交易还是头寸交易,任何交易人犯的最大失误就是没有充分资金就想交易。有人说日内交易人在闭市时就退出了,不必需要大量资金,因此,好像没有必要准备那么多的资金。这么说或许不假,但另一个事实是,那些资金有限的人无法像资金充分的人那样有充分的交易时间。做任何生意,重要的就是要准备好充分的资金,交易人交易起来才不会有压力,能够熬过某一交易系统或方法业绩糟糕的时期,等来机会。

资金有限的交易人不仅会紧张,总想着如何最小化损失,不顾及交易的现实,而且时常在一连串的失败后被踢出市场,而他的交易方法还未有机会一显身手。要充分运用交易账户的资金,或者提前决定用手头资金仅在有限的市场交易。资金不足时就别交易,否则无疑是自取灭亡。要想有足够的资金,有远见的交易人会实事求是,而且最重要的是耐心积累所需的投资资金。

利用新闻交易的能力

许多交易人已经学到了一个硬道理,即听信新闻往往会导致损失。我发现交易人可以利用基本面新闻或同步新闻(无论是国际、国内还是政治性的）的一些方法。要利用新闻，就不能被新闻牵着走，亦应该"弱化"新闻（我这么说的意思是反向新闻操作）。

你还可以用第 7 章中介绍的方法利用新闻交易。

利用新闻的另一种方法是退出在消息公布前很有可能建立的仓位。我坚决相信市场的老话：谣传来了买入，新闻来了卖出。在日内交易里，早在新闻为大多数交易人所知之前，市场对新闻就非常敏感了。内幕人有时根据谣传，而往往是根据事实进行预测来买卖。他们在公众获悉新闻前就建仓了，而一旦新闻一旦公布，他们就利用价格大涨或下跌清仓。

因此，如果要利用新闻，就必须反向操作。这一点在日内交易上特别正确。虽然跟随日内趋势并没有错，但这些趋势常常对新闻产生强烈的反应。如果遵循自己的交易系统和方法，这样的新闻发酵时，你几乎顺应了市场的正确方向。利用价格上涨或下跌清盘。这样做需要自我控制以及能够把新闻当做自己退出的机会，而不是继续持有等待更大利润的机会。

利用短暂价格上涨

要赚取日内交易利润，就要学会利用价格的短暂浮动。上一节我讨论了因为国际、国内、政治和经济新闻而出现的日内大幅价格波动。市场下跌或上涨有时很快，好似并没有什么新闻发生。这时可能是有谣传或新闻，一个大买家或大买单或一个大卖家或大卖单，而你并不知情。这种短暂的价格上涨或下跌就是退出与价格波动方向一致的仓位的机会。

无论因何波动，要将日内发生的所有价格快速上涨或下跌作为机会，要么获利退出，要么利用之前介绍的支撑和阻力方法建仓。日内交易人掌握这种能力很重要，因为这和日内交易的目标完全一致。有太多的日内交易人认为日内的价格急涨急跌基本上毫无意义。相信我，并非如此，这都是为日内交易人量身定做的。

决心每天都有所获的日内交易人必须利用这些价格波动。如果不想这样，那么就必须提高或降低止损（根据仓位），或者必须根据价格变化进行合适的心理止损。这就意味着，如果价格波动开始后随即反向运动，必须用跟踪跟踪，这样就有机会锁定其他情况下无法获得的更大利润。

固守每日目标

首先，作为日内交易人要记住自己的一个主要目标：每日交易都要赚钱。为了达到这个目标，重要的问题就是准确知道自己这一天（除去费用）和一天内任何时候（如果有利润的话）的净利润。你会更愿意将利润落袋为安，以实现每日赚钱。根据我多年来的短期交易或日内交易经验，我建议设定具体的标准，知道在闭市前何时开始清盘兑现，来保证获利。

我建议在闭市前大概一小时开始清仓兑现。你可以在那时清仓，也可以用跟踪止损以锁定现有利润。很多交易人不同意我的做法。但我前面说过，这是根据我多年的交易经验，而且是为了让日内交易人实现最重要的目标。作为日内交易人，必须在闭市时有所收获，无论收获多小，这样才能加强自己的日内交易技巧，还会让你对交易职业有信心，树立积极的态度，这一点当然非常重要，特别是在经历了一连串的亏损之后。也就是说，只要每天稍有收获，你对日内交易的态度就更积极，你的自信会增加，而且更能忍受暂时的不利，而所有短期交易人、长期交易人和日内交易人往往成为暂时不利的牺牲品。

为了实现闭市有利润的目标，就需要有这个意识，时刻作为最重要的事记在心上。对头寸交易人或短期交易人合适的事并非就对日内交易人就好。如果想将利润或亏损持有过夜，那就是不忠于日内交易人的目标。如果既想做日内交易又想做头寸交易，那我就强烈建议你开两个账户，避免用同一账户进行两种交易难免造成的混乱。记住自己的目标，就不太可能偏离。

用市场情绪发现日内交易机会

前面说过，反主流观点操作对发现日内交易获利机会至关重要。我认为这是日内交易人能具备的最重要素质之一。当然利用当下趋势日内交易可以赚一大笔，但知道当下趋势有可能即将转向也很重要。这样做的一个好方法是利用市场情绪。日内交易人也必须能够反向操作。这不是说一定要逆趋势而行，但一定要时刻留心情绪是非常高涨还是非常低迷，这是很重要的线索，告诉你是否应该快速获利退出，还是应该任利润增长，或是应该寻找其他人忽视的交易机会。

结论

虽然对一个成功的日内交易人来说，还需要具备或获得很多其他重要品质，但我相信我已经介绍了其中最重要的几个。如果努力培养这些品质，日内交易人的获胜机会当然会更大。经过多年交易，我了解到交易人成功与否的最主要区别就是他们的心理素质和作为交易人获得的技巧，而不是他们用的交易系统。

虽然有效的交易系统的确有用，但即使最好的交易系统落在无经验的交易人手里，无异于一件破坏工具。必须用我本章讲的原则不断提升日内交易人技巧。

交易人有时在市场上会遇到特殊困难，必须单独处理。这样的话，我建议你尽量概括出这个特殊问题，如果无法确定一个好方法来将问题最小化，我建议你求助专家。

第13章　破财之误和制胜之宝

这一章来讨论一些心理问题，这些问题常常被冠以有助于或不利于日内交易的成功。除了上一章提及的内容，还有一些更实际的问题需要日内交易考人虑。生活中我们经常会做错很多事，而做对的事则相对较少。也就是说，知道而且最好能避免犯错不仅仅对我们有利，而且，往好处想，能知道什么行为能促进成功也不错。下面一些内容是我这几年整理出来的，我想会对你大有裨益。

破财之误

我们先来看看我列出的 19 个致命错误。每一个我都详加说明，你可以明确知道其含义和如何避免这种特殊错误。注意，错误并未按照大小排序。

1. 缺乏客观的利润最大化策略。既然绝大多数日内交易不是赚一些蝇头小利就是堪堪持平，那么具备和执行利润最大化策略就非常重要。在第 11 章我讨论了一些利润最大化策略，就是为了让大家明晰如何提高交易利润。利润最大化主要通过第三部分仓位实现，因为这一部分仓位实施最自由的止损或平衡止损，也就是说只有交易回到了其最初的入场价，这部分仓位才会退出。大多数交易人认为这种止损的回报不足以令人垂涎，但我保证，第三部分仓位往往会带来大部分利润。

2. 缺乏管理。许多交易人之所以亏钱并不是因为交易方法或交易对象不奏效，而是因为他们无组织性——错过了交易、直接下单、该买入的时候卖出、或者没注意到交易已经启动了。这些大同小异的错误都是因为记录杂乱无章造成的。这种管理混乱无法容忍，因为有无数的程序帮助我们进行管理，并保持交易记录。

3. 听或看新闻。许多交易人对广播、电视或网上的新闻见风就是雨，对他们来说看或听到新闻是个严重有问题。我在第七章描述了所谓"媒体日内交易"，如果你要看或收听新闻，就要用媒体日内交易方法，这有助于你利用所见所闻。对新闻的直接反应就是随大流，这样的话，其结果就和大多数人一样了——赔钱。因此如果要观看或收听新闻，学会如何利用这些新闻，而不是简单的直接反应。

4. 缺乏客观的交易方法。有太多的交易人，特别是日内交易人没有客观的交易方法。他们要么全凭直觉交易，要么感情用事、要么听信谣传或小道消息，再要么凭感觉。所有这些行为在有组织的方法中均不可行。我在上面提到过，入市的交易信号必须完全客观和可操作，知道方法的每个人都能认同，不用再咨询别人。我认为，这就是一个客观交易法的本质定义。我郑重建议大家，如果没有客观的交易选择法，那么成功的机会近乎于零。

5. 指标太多，"分析"太多。拥有精密软件和分析程序以及电子交易平台的好处是给我们提供了很多选择。但不幸的是，这是把双刃剑，因为同样的程序给我们的选择太多了。大多数程序会提供100多种不同的指标，来帮助你分析市场。既然很多指标无效，而且大多数交易人不知道如何利用软件程序里的指标，那么分析交易往往是个徒劳的工作，而且实际上会造成惨痛的错误。我强烈建议日内交易人不用看那么多指标，而只要看看有限的几个就行。关键在于质量而不再数量。制胜的法宝在于集中，而不是广撒网。

6. 启动资金不足。交易人犯的所有错误中，这个最离谱。启动资金不足无疑是自取灭亡。这还会招致不断的失败，因为很多交易人都是不断用小资金入场，而最后只落得在几天或几周内血本无归。为了获得交易成功的最好机会，无论是否是日内交易，都需要足够的资金来消化至少六次连续亏损。尽管有些人会说服你用几千美金起步没有问题，我相信这样的想法绝对是错误的。为了取得日内交易成功，就必须要足够多的资金。如果交易资金不足，我强烈建议你压根就别开始交易。

7. 一次交易太多品种。除非有人为你工作或你有合伙人，否则一次跟踪和/或交易几个市场通常有难度。增加交易市场或不同市场的交易数量，甚至会犯错或忘掉有哪些交易，最终会引出问题。专注于两三个无关系不同类的市场的效果绝对好于日内交易一打或半打市场。

8. 缺乏多样性。另一方面，缺乏多样性也是个问题。如果日内交易短期国债，那就很不可能同时日内交易长期国债，因为这两个市场高度相关。如果日内交易欧洲货币，那就不会同时日内交易瑞士法郎；日内交易一种道指期货，就不会同时交易另一种道指期货；对金属和能源也是一样。我发现分散投资两三个无关不类似的市场会给日内交易人带来最好的效果。仅仅日内交易一个市场没有什么错，只要你做得好而且一直如此。

9. 对指令类型并不完全了解。大多数经纪人目前用的电子订单格式很大程度上简化了问题。只有某些类型的指令获准使用，而只有很少的一些指令众所周知。你必须了解这些指令类型有哪些不同，各自有什么意义。这花不了几分钟时间。花点精力了解一下能够使用的不同指令类型，因为在正确时间用了正确指令可以赚取和/或节省一大笔钱。

10. 无心犯大错。这的确让人难过，但许许多多交易新手犯过许许多多无心之错。无论这些错误是由算术不佳、无组织性、未留心、糊涂还是仅仅因为交易技术拙劣造成的，事实是造成交易人赔钱本质上有两个地方：我称之为的"聪明亏损"和"愚蠢亏损"。聪明亏损是指你所做的一切都没错，但方法或系统那时就是不奏效；愚蠢亏损是指犯了本可以避免或阻止的错误。例如，你完全按照交易计划操作，完美无缺，但还是亏钱了。既然方法不完善，而你的执行没有问题，这就是聪明亏损。反之，假设你已经确定了方案，但听信电视上的一位"专家"而改变自己的看法，错误地进行交易，因此亏钱了，这就是愚蠢亏损。聪明亏损在交易里是可以接受，但愚蠢亏损则不可接受。

11. 冲动行事（即不是根据方法进行交易）。密切关注市场的交易人倾向于冲动行事。简单来说，日内交易的冲动行事就是根本没有客观原因就进行买卖。我目睹过大量的日内交易发生亏损就肇始于冲动决定，而不是客观决定。要改掉冲动行事其实很多简单。如果有了确定而客观的方法，那解药就是按照方案交易，并根据步骤操作。实施交易的步骤就是为了避免因为新闻或影响大多数交易人天生的不安全感造成的冲动行事。

12. 日内交易过量。日内交易人中普遍的看法是交易次数越多，赚得越多。形成这种态度的部分原因是因为有些交易人对提高交易量从而会积累更多佣金有执著的兴趣。而显而易见的事实是有时候少就是多。交易数量和所得利润并不是一对一的关系。实际上，如果有这样的关系的话，很有可能是反向关系（在某种程度上）。

13. 三角期权量过低。股票和商品期权对新交易人非常有吸引力，因为最初的投资额很低，而能损失的最大资金量就是期权成本和佣金，这是好的一面。而不利的一面是低值期权——即所谓的低值三角期权，吸引了太多的交易人。这些期权的赚钱机会很低，日内交易人根本不应该将其作为期货或股票的替补。如果能够按照正确的方法交易，我对这些期权也无可厚非。

14. **止损值过低**。低止损值可以防止亏损这种流行的错误观点，已经风靡了很长时间。虽说低止损可以防止交易亏太多的钱这一点没错，但糟糕的是低止损点几乎每次都会到达。好处则是即使我们犯错了，也不会亏损多少；坏处则是每次我们都会亏点钱。低止损值的用途在于市场波动较小时。止损最好与方法和市场波动联系起来。在设定止损时先想想自己能够承担的最大风险值，比如说 500 美元，这是完全错误的方法。市场才不关心你能亏损多少呢。设定止损事必须要考虑的因素是市场行为和所使用的交易方法。绝大多数情况下，高止损值实际上能比低止损值带来更好的效果。最后还要记住，是否低要靠自己判断。在一个市场上的高止损值在另一个市场上完全可能是低止损值。我还要再次强调一下，将止损和市场波动及利用的交易方法联系起来很重要。

15. **交易品种风险过大**（如新手交易天然气）。日内交易新手常常带着不费劲就赚钱的想法入市。豪情万丈的日内交易人错误地认为最危险的市场因其潜在波动性会带来最好的结果。我对此不敢苟同。日内交易有些市场比其他市场更容易赚钱。新手应该起步于波动小、风险小的市场，而不是那些日内波动幅度很大的市场。在交易标普期货或货币这样的高风险市场之前，需要在低风险、日内波动较小的市场如低波动股票或期权交易（如黄豆油、现货黄金、生猪、生牛，甚或微型新货币）练练。

16. **为避免损失广散仓位**。交易人最恶劣的一个错误是为了避免损失分散仓位，也就是说，买空市场时如果市场波动在闭市前对自己不利，这时不仅不止损退出，反而买入同一市场或相关市场的另一个到期交割月来避免损失。这是希望能在日后兑现差价，以此消除或减小损失。这绝对是个错误方法，我坚决反对。大多数时候的结果是赔了夫人又折兵，应该在一有损失就退出。

17. 访问"聊天室"。互联网给我们提供了很多好东西，但聊天室可不在其中。我认为想交易获胜的任何交易人最不应该做的就是在聊天室浪费时间。为什么要在聊天室里讨论操作？大多是情况下，访问聊天室的是没有安全感的交易人，他们仅仅想推广自己的持仓，或者想从那些不知所为的其他交易人那里讨点主意。别在聊天室浪费时间。如果对自己的交易有信心，就没必要光顾聊天室。

18. 无法接受一连6次亏损。很多交易人不明白连续亏损和资金减少实际上是交易的一部分。无论你是日内交易人还是头寸交易人，这个交易事实是明确而无法反驳的。即使最好的交易系统和方法都会遭受连续6次的亏损，有时甚至更多。如果无法接受至少连续6次的亏损，或无法消化至少连续6次的亏损，那么交易就不是你该玩的。在开始前就要明白这一警言，否则早晚心灰意冷。

19. 为了找答案而改变时帧。电脑后的报价和交易软件使我们能够以一当十。强效工具能带来惊人结果，或者惊人的危险。日内交易人所犯的最大错误之一就是滥用图标软件，试图找到自己寻找的答案。日内交易人往往在入市后发现时局不利，为了避免亏损或为自己的境地找点安慰，他们要么借助于其他时帧或指标，希望找到支持他们的理由，要么就找其他指标。我不建议这么做，这样往往会招致损失。解铃还须系铃人。所用的止损还应该是与交易系统有关的止损。

记住：

上面的任何一种错误都可能让你血本无归。

大多数交易人都犯过好几种错误，甚至更多。

很多交易人无法坚持用任何一种系统。

许多交易人不明白持之以恒的重要性。

太多交易人根据随机市场行为操作。

高达 45% 的市场行为是随机的。

交易人使用的移动止损值太接近市场。

80% 到 90% 的利润来自 10% 到 20% 的交易。

制胜之宝

下面是我的七个制胜法宝和点评。

1. 掌握建立、启动和跟进市场步骤（其中包含了清晰详细的利润最大化原则），并尽快离开危险区。我说的危险区是指从入市、止损持股到第一个利润目标实现的时间。之后，就可以平衡止损或干脆处理部分仓位落袋为安。我在前几章从头到尾介绍了这一过程。

2. 入场资金充足（达到最低额），投入 50%，后备 50%。许多交易人一开始都是倾囊而入。他们不仅入市资金不足，而且还以一博十，因此在市场对己不利时，就难以维持仓位。我认为无论你用何种时帧，应该保守一点，这才是正道。

3. 试过再做。很多指标和系统的鼓吹者是一些个人或公司，而他们既不是交易人，也没对这些指标或系统做过测试。在用任何系统或方法之前，先研究一下，看看其是否有效；此外，还有确保其适合自己的交易风格和腰包。

4. 遵从完全客观的原则，否则只有一败涂地；切勿自己演绎。我认为演绎是交易人的最大错误之一。演绎就等于所用的方法不客观，就是说原则在不同人眼里有不同的意义。这简直是自寻死路。演绎和众所周知的"内部交易"有一个重大区别：电子日内交易公司的正式交易员往往思前想后最后才做决定，有时候考虑因素的权重也不一样。根据程序评估了这些考虑因素后才会交易。我虽然承认内部交易的确有某种程度的演绎，但整体来说，这种演绎更有组织性和顺序，不同于绝大多数交易人在做交易决策时的演绎。

5. 至少交易 3 种不同或无关的品种，最好是多达 15 种无关或不同的品种。我在其他地方注意到，日内交易人应该分散持有不同品种的仓位。头寸交易人的交易品种可以多于日内交易人，因此分散性更大。分散交易，特别是在头寸交易中，往往会平衡结果，让下跌不那么剧烈，上涨时不那么耀眼。

6. 成倍数交易（3 的倍数）。在前几章和这一章，我已经介绍了成倍数，特别是 3 倍交易的好处（见第 3 章和第 11 章）。

7. 至少经历 3 次连续失败交易后，再改弦更张。所有的系统和方法都有背运的时候。有些系统能连续造成多达 6 次亏损，这并不少见。如果你还是交易新手，已经决定了想要用的交易方法，我建议别抓住就用，而应该等着这种方法经过连续 3 次亏损再用。这样的话，就不必日后遭到那么多亏损。我觉得静等远好于抓住就用。交易人自然而然都是在交易系统表现良好的时候决定采用，而更好的做法是在其经历过失败后再用，避免日后受苦。坏消息是，如果在等待 3 次失败的时候，系统却一直大显神通，那就让人无所适从了。

第 14 章 化零为整

交易是需要选择的，当然，如果你已经交易了一段时间，这一点就没什么稀奇。但常常是因为选择太多，很容易让人无措。我在这本书里尽力给大家提供客观的选择，而不是交易人如今获取的那些典型信息。我已经尽力强调了，主观选择——常常是自己的解读，是通向亏损之路，因为一个交易人认为是买入机会，而另一个交易人则认为是卖出机会。有选择是好事，但选择太多不见得是好事。我知道好和坏也是主观性的。在市场交易语境下，我这么定义这两个词：好就是盈利，坏就是未盈利。

鉴于现在信息泛滥，我告诉你有许多不同的方法来做交易，这就有把事情搞得更含糊难懂之嫌，但这确实不是我的初衷，此这一章会讲讲如何把上述一切内容有逻辑、有组织并有成效地综合起来。

看过我在本书中介绍的方法之后，第一步就是先决定在有限的时间和资金条件下，你最擅长做什么。显然，如果你日内交易标普期货、短期国债、长期国债和/或货币，而且想要一日内多次交易，那么你一天的大部分之间就该盯着屏幕。另一方面，如果你想日内交易跳空，需要的时间就很少，你不需要粘到屏幕上。波段交易移动均线通道适宜任何时帧，只要考虑好利润潜力。最后，鉴于外汇市场可以说是 24 小时都能交易的情况，我强烈反对粘到屏幕上进行外汇交易，你需要时间睡觉。基本原则是，我会采纳所有的方法，哪个方法先启动就用哪个方法进行交易。

组织

有效和正确的交易方法离了清晰正确的步骤毫无用处。即使最好的交易方法如果未按照正确的步骤实施也会招致损失。可惜，这往往就是发生问题的最薄弱环节。因此，我强烈建议你们在使用任何我在本书中介绍的日内交易方法时，牢牢遵守正确的步骤。下面是一些可能对你有利的建议：

1. 限制日内交易的股票或期货市场。在期货市场这是个相对简单的问题，因为你总是想交易日内最活跃、价格浮动最大的品种。目前这样的品种包括小型标普期货、长期国债、短期国债、货币、原油和黄金（并未按喜好排序）。

2. 在股票市场，我建议将交易品种限制在价格波动能承受的最活跃股票上。一些交易人偏爱高价股，而另一些人偏爱低价股。交易的股票和期货不要超过自己的预算，这样才可能成倍持仓。

3. 每天量力而行。因此我建议少品种、少方法。在期货市场，关键是要日内交易那些已经在我本书提出的交易模型中表现出可以预测的品种。到写这本书为止，我喜欢日内交易的品种（未按照偏好强烈程度排序）包括：黄金、加元、澳元、欧元、美元指数、原油、30年长期国债、10年短期国债、黄豆、黄豆油、小麦、生牛或生猪，以及小型标普期货。这些都不是金科玉律，要根据市场情况改变。

4. 确定能够很容易接入下单平台和计算机。作为日内交易人，指令执行的速度和决策速度都是关键的变量。确保简化决策流程，且最重要的是简化下单流程。在日内交易上，一秒钟就决定成败！

5. 躲开"我想什么时候交易就什么时候交易"的陷阱。我听过不少广告，宣称日内交易想什么时候做都行。实际上，在一则经纪公司的广告中，两个人边走边交流交易情况。其中一人大肆宣扬交易的好处，并在两人分别时说："我睡不着的时候就交易标普期货。"日内交易必须有一贯性。如果你的日程只允许你一周做两天日内交易，那我就建议你一直在一周的同一天做交易。原因？市场是有形态的。一些形态来自于一周的某一天。如果一直坚持在一周的同一天交易，那么就会按照形态交易，而不是在交易中参杂随意因素。

6. 最后记住，日内交易就是日内交易。如果未在闭市时退出，就不是日内交易，就有了另外的风险，这不符我们的风险管理政策。有时根据本书之前讲的一些策略，会将盈利仓位持有到第二天。但亏损过夜则是个非常糟糕的主意。

结束语

看了这本书，甚至是研究过这本书，而且已经采用了一些或全部我讲的方法，你就可能做好了进行日内交易的准备，也可能你认为我的日内交易方法并不适合你。如果你已经开始日内交易了，那就希望我的方法会给你带来积极的效果。随着经济的不稳定性和与之相伴的波动愈来愈烈，日内交易的挑战和前途也越来越大。波动性提高了日内价格浮动数量。但是，所有这些光彩都不是日内交易本质。日内价格波动比以前更大，其中很多波动无法预测，因此都不是盈利机会。这些机会都似是而非，往往是由情绪反应或过度反应促成的。我相信，坚守本书的方法会帮助你躲过这些无法预测的波动。试图预测无法预测之事就是一场注定失败的游戏。我奉献出多年交易一点点积累的建议作为总结：

1. 集中精力在交易上，并要擅长。每周你只有几次好交易来大赚。

2. 保守投入自己的账户资金。我建议保留25%的资金。

3. 确定每笔交易能承受的最大资金额损失，切勿超过。这种损失可以是任何时间事先决定的手头资金的一个比例。

4. 避免那些因为波动性或资金风险让你"害怕"的市场。如果一个市场让你心虚，你就很可能违背原则，情急之下做决定。

5. 知道自己作为交易人的承担风险和能力局限。显而易见的事实是，单枪匹马上战场的大多数交易人，只能管理大约三到五个市场或股票，而且同时还要能集中精力到正确运用方法上。

最后，如需帮助，请写邮件给我，我会尽力回复：Jake@ trade-futures.com。